우리는
바빠도
글쓰는
마흔입니다

우리는 바빠도 글쓰는 마흔입니다

다섯 여자의 치유와 성장 글쓰기 조언

초 판 1쇄 2024년 12월 10일

지은이 강은영, 김원주, 안세정, 이창임, 김민경
펴낸이 류종렬

펴낸곳 미다스북스
본부장 임종익
편집장 이다경, 김가영
디자인 윤가희, 임인영
책임진행 이예나, 김요섭, 안채원, 김은진, 장민주

등록 2001년 3월 21일 제2001-000040호
주소 서울시 마포구 양화로 133 서교타워 711호
전화 02) 322-7802~3
팩스 02) 6007-1845
블로그 http://blog.naver.com/midasbooks
전자주소 midasbooks@hanmail.net
페이스북 https://www.facebook.com/midasbooks425
인스타그램 https://www.instagram.com/midasbooks

ⓒ 강은영, 김원주, 안세정, 이창임, 김민경, 미다스북스 2024, *Printed in Korea*.

ISBN 979-11-6910-948-2 03190

값 18,500원

미다스북스는 다음세대에게 필요한 지혜와 교양을 생각합니다.

다섯 여자의 치유와 성장 글쓰기 조언

우리는
바빠도
글쓰는
마흔입니다

강은영　김원주　안세정　이창임　김민경

미다스북스

두 번째 스무 살에게

40대가 되어 보니

하고 싶은 것만 하고 살 순 없을까? 가정에서는 아내와 엄마로 사회에서는 작가와 강사이자 칼럼니스트, 사장으로 사는 나에게 최근 주어진 화두이다. 바라던 대로 N잡러가 되어 누구보다 열심히 살고 있는데 때때로 '이렇게 사는 게 맞나?' 하는 사치스러운 생각이 드는 거다. 크고 작은 목표를 이루어 내서인지 갈 길이 멀어서인지 모르겠다.

어느덧 40대 중반이 된 나는 늘 그래왔듯 새로운 도전을 하며 바쁘게 살아가고 있다. 결혼 후 대학원 공부로 뇌교육 전문 강사라는 직업을 얻었고 둘째를 낳고 나서는 10년간 장애아를 키우는 데 열중했다. 4년 전에는 어릴 적부터 품고 있던 소망인 책을 썼다. 이후 작가와 칼럼니스트의 삶은 드디어 평생 직업을 찾았다 할 정도로 성취감과 만족감을 주었다. 그러나 여기서 멈추지 않고 새로운 도전을 시작했다. 작년부터 무인 사업체 2개를 운영하며 자영업의 세계에 발을 들인 것이다.

모든 인생은 고통이다

흔히 40대는 사회적, 경제적으로 성과를 이루고 자리잡힌 시기로 여긴다. 직장과 가정에서 여러 역할을 소화해 내며 사회의 주축으로 살아간다. 공자가 체험하고 『논어』에서 언급한 불혹이라는 말은 오랜 세월 40대의 대명사로 기능해 왔다. '세상일에 정신을 빼앗겨 판단을 흐리는 일이 없는 나이'라지만 나를 포함한 많은 40대가 불혹의 나이를 훌쩍 넘기고도 줄곧 흔들리는 이유는 무엇일까?

쇼펜하우어는 "모든 인생은 고통이다."라고 했다. 살아남고자 하는 욕망 자체가 고통인데 그 욕망이 충족되지 않기에 고통을 피할 수 없다는 거다. 40년 넘게 살아보니 '잘' 살고자 하는 욕심이 나를 힘들게 하는 동시에 삶의 원동력이 되었음을 알겠다. 하나의 산을 넘으면 파도가 덮쳐 오고 파도를 피하면 또 다른 산이 나를 기다리고 있다. 이제는 안정되면 좋겠는데 해결해야 할 난제가 끝없이 이어진다. 고통이 끊이질 않으니 어쩌면 불혹의 40대는 흔들릴 일이 가장 많은 나이일지도 모른다.

글쓰기를 말하다

이 책을 쓴 5인의 저자는 불혹을 지나고 있는 여성들이다. 3년 전 온라인으로 습관 형성 프로젝트를 운영했는데 그때의 인연이 지금껏 이어져 오고 있다. 이 책에서는 40대를 보내며 겪은 각자의 삶을 글쓰기라는 공통분모로 묶어 보여 주려 한다. 우리의 글쓰기 실력을 말하자면, 십수 년간 글을 쓰고 글쓰기를 가르쳐온 사람부터 얼마 되지 않은 초보까지 다양하다. 각 장을 읽다 보면, 코스 요리를 맛보듯 다양한 맛을 느낄 수 있을 것이다.

제1장은 뇌교육 전문가 강은영 저자의 이야기로, 장애아를 키우던 경력 단절 주부에서 네 권의 책 작가가 된 비결을 들려준다. 이어 제2장에서 독서 전문가 김원주 저자는 독서만 할 뻔하던 삶에서 글쓰기를 더하고 느낀 점들을 생생히 담아냈다. 제3장에서는 십수 년간 글쓰기를 가르쳐 온 그림책 작가 안세정 저자의, 글쓰기와 하나 된 삶의 모습을 엿볼 수 있다. 제4장은 심리상담사 이창임 저자의 글로, 상처받은 자신을 글쓰기로 치유한 과정을 보여 준다. 마지막으로 제5장은 SNS에서 시작한 글쓰기로 큰 변화를 이루어 낸 AI 강사 김민경 저자의 이야기다.

쓰는 행위는 지나온 삶, 지금 그리고 앞으로의 내 삶을 말하는 것과 다르지 않다. 나를 촘촘히 들여다보고 깊게 사유하기. 그러는 와중에 몰랐던 나, 기억에 묻어 둔 나를 발견하고 찾아가기. 나아가 남은 삶을 위한 길

잡이까지 되어 준다. 결국, 글쓰기는 세상 하나뿐인 '나'로 귀결된다. 인생 중반의 갈림에서 속절없이 흔들리고 상처받지만 내가 좋아하는 것을 찾아 나만의 가치를 실현하도록 해 준다. 5인의 저자는 비슷한 듯 다른 '나만의 이야기'를 들려줄 것이다.

니체는 "어울리려고 애쓰지 마라. 남이 아니라 자기 자신부터 사랑하라."라고 설파했다. 인생의 행복이 친구가 아닌 '나에 대한 사랑과 만족감'에서 온다는 그의 가르침을 나만의 시공간에서 무언가 끄적거리며 체득하곤 한다. 서두에서 밝힌, 하고 싶은 것만 하고 살고 싶다는 화두 역시 좀 더 나답게 나를 챙기며 살고 싶다는 의미일 테다. 4년 넘게 글을 써 보니 여러 역할을 소화해 내는 바쁜 일상 속에서도 매일 새벽 글을 써내는 일이 나를 사랑하고 내 삶에 만족하는 가장 좋은 방법이라는 확신이 든다.

하나의 큰 동그라미가 되기까지

네 번째 책을 쓰면서 이전과 달라진 점이 있다면 잘 쓰려는 욕심을 많이 내려놓은 거다. 글은 쓰고 나면 십중팔구 마음에 들지 않기에 얼마나 받아들이는지가 문제다. 산지에서 수확해 보기 좋게 다듬어 포장 후 진열대에 올려놓은 제품처럼 독자들의 눈에 들기를 기다리는 지금 '좀 더 잘 쓸걸.'이란 후회는 하지 않기로 한다. 다섯 명이 할 수 있는 최선을 다해 한 권의 책으로 나온 만큼 조금 덜 익거나 모양이 안 예뻐도 애지중지 키운 자식처럼 소중하기 때문이다.

"자서전은 수치스러운 무언가를 드러낼 때만 신뢰할 수 있다."라고 조지 오웰은 말했다. 이 책이 자서전은 아니지만, 자신의 이야기를 솔직하게 쓰자고 수차례 강조했다. 그래서인지 글 하나하나가 각자의 인생을 꾸밈 없이 보여 주는 듯하다. 파리올림픽이 한창인 지금, 대부분은 메달을 향한 고난과 극복을 겪는 대신 방구석에 앉아 그들을 응원하는 삶을 살고 있다. 평범한 우리는 위대한 인물이나 쓸 법한 자서전 대신 한 시대를 살아가는 일반인들의 다양한 모습을 이야기하고 있다. 글쓰기를 말하는 것일 뿐인데 한 사람의 삶이 파노라마처럼 보이는 마법이 펼쳐진다.

혼자서는 몇 배로 힘든 작업을 우리는 따로 또 같이, 해내고 말았다. 다섯 명의 이야기를 듣노라면 여러 권의 책을 읽은 듯한 느낌이 들 것이다. 매일 바쁘게, 세상 풍파에 속절없이 흔들리더라도 묵묵히 갈 길을 가는 우리의 모습을 여과 없이 보여 준다. 무엇보다 그녀들의 서사가, 한 인간의 성장 이야기가 내겐 큰 울림을 주었다. 이 마음의 울림이 독자들에게도 전해지기를 간절히 바란다. 작고 모난 모습이던 우리가 각자의 모양으로 하나의 큰 동그라미를 그리는 과정, 그게 바로 이 책이다.

대표 저자 강 은 영

목 차

제4장

나에게 보내는 마음 처방전   이창임

제1장

경력 단절 주부에서
네 권의 책 작가가 되다

강은영

1.

가장 깊은 곳의 나와 만나다

당신이 진정으로 원하는 것은 무엇입니까?

하루에도 몇 번씩 '○○ 하고 싶다, ○○ 하기 싫다.'를 외치는 우리. 하지만 진정으로 원하는 것이 무엇이냐는 물음에는 꿀 먹은 벙어리가 되고 만다. 내가 진정으로 원하는 것, 질문의 무게와 깊이를 가늠하다 보면 냇가에 수많은 돌 중 가장 마음에 드는 하나를 고르는 것처럼 답을 고르기가 점점 어려워지기 때문이다.

반백 살이 되어도 자신이 무엇을 좋아하고 잘하는지 원하는 것이 무엇인지 모르는 사람들이 부지기수다. 자신을 가장 많이 알고 있는 사람은 나일 텐데, 내 속을 알 수 없는 아이러니한 상황이 아닐 수 없다. 수십 년을 살았어도 자신과 친해질 시간이 충분하지는 않은가 보다. 나 역시 이루고 싶은 것들을 꿈과 사명으로 삼았는데 '진정으로' 원하는 것인가는 확신이

제1장 경력 단절 주부에서 네 권의 책 작가가 되다 – 강은영   17

부족하다.

끊임없이 내면 성찰하기

뇌교육 전문가로서 심리학과 뇌과학 등을 공부하며 인간을 이해하고 나 자신을 알아가는 것이 재미있으면서도 어려운 일이라는 걸 알게 되었다. 인간에 대한 이해는 나이나 지식, 경험과 비례하지는 않는다. 그렇다면 어느 지점에서 차이를 보일 수 있을까? 관심과 노력 정도로 답할 수 있겠다. 특히 자신에 대한 이해는 끊임없이 내면을 성찰하려는 노력을 통해 얻을 수 있다.

나는 수년간 깊이 있는 명상을 통해 통찰력을 키우면서 나와 타인을 이해하는 능력을 점차 기를 수 있었다. 어떤 물음이든 나만의 해답을 찾을 수 있게 되었고 내가 어떤 사람인지 보다 확실하게 얘기할 수 있게 되었다. 표면적인 생각이나 감정 너머에 깊이 숨어 있는 진짜 나를 발견하는 것과 같달까.

명상으로 내면을 성찰하는 훈련이 잘 되어 있었지만 글쓰기를 하면서부터 나를 잘 알고 있다고 생각했던 게 부끄러워지기 시작했다. 하려는 말이 정확하게 무엇인지 글을 통해 어떤 걸 얻고 싶은지 알 수 없었고 특정 주제에 대해 아는 것도 드물었다. 무언가를 그리 깊이 생각해 본 적도 오랜 시간 동안 생각을 정리하거나 표현해 본 적도 없었기 때문이다.

글을 써 봐야 알 수 있다

그렇다면 아는 것이 많아야 글을 잘 쓸 수 있을까? 글을 꾸준히 써 보지 않은 사람이라면 그렇다고 답할 것이다. 4년이라는 짧지만 무시할 수 없는 시간 동안 글을 써온 나는 아니라고 자신 있게 답할 수 있다. 책을 아무리 많이 읽거나 광범위한 지식을 집어넣어도 내 것으로 소화한 다음 말하거나 글을 써 보지 않으면 죽은 지식이나 다름없기 때문이다.

"우리는 이미 알고 있는 것을 쓰는 것이 아니다. 글을 쓰는 동안 자신이 무슨 말을 하고 싶은지 무엇을 알고 있는지 발견한다. 글을 써 보지 않으면 자신이 무엇을 쓸 수 있는지 무엇을 알고 있는지 알지 못한다."

세계적인 석학, 우치다 다쓰루가 『어떤 글이 살아남는가』에서 설파한 것처럼 나는 글을 쓰고 나서야 가장 깊은 곳에 있는 나와 만날 수 있었다. 글을 쓰면서 내가 무엇을 알고 무엇을 모르는지 어느 정도까지 할 수 있는 사람인지 비로소 깨달았다. 나는 혼자 여행을 가거나 카페에 가본 적이 없을 정도로 혼자 있기를 힘들어했었다. 고독한 시간을 두려워했던 것 같기도 하다.

홀로 깨어 글을 쓰는 새벽은 그 무엇보다도 고독한 시간이다. 이미 마른 걸레에서 물기를 찾듯 스스로 쥐어짜는 혹독한 시간이기도 하다. 고통스럽기 그지없지만, 끊임없이 쓰는 이유는 나와 좀 더 친해지고 싶어서다. 매번 비슷한 글을 쓰고 있고 발전이 없다는 자괴감이 들면서도 나의 새로운 모습, 미처 몰랐던 부분을 발견할 때면 진흙에서 금이라도 찾은 듯 신기하고 뿌듯하다. 가장 깊은 곳의 나와 만나는 경험을 끊임없이 할 수 있다면 이 또한 행복 아니겠는가.

내 인생의 주인공과 친해지다

누군가와 친해지려면 먼저 상대를 알아야 한다. 사는 곳, 전화번호 등 기본 인적 사항은 물론이고 성격이 어떤지, 좋아하는 음식과 관심 있는 분야는 무엇인지 등 친해지는 과정에서 많은 걸 알게 된다. 우리는 타인에게 관심을 가지고 알기 위해 애쓰면서도 정작 자신을 깊게 이해하려는 노력은 부족하다. 누구보다 나 자신을 잘 알고 있다고 착각하기도 한다.

나를 잘 알고 나와 친한 사람이 인생을 주도적으로 살아갈 수 있다. 무엇을, 어떻게 해야 할지 모르고 그저 사람들이 하는 대로 따라가면 공허함과 후회가 남을 것이다. 친한 사람의 얼굴만 봐도 기분과 상태를 한눈에 알아보듯 자기 자신을 속속들이 알고자 한다면, 자신의 사소한 일상부터 사회적 이슈, 삶의 고민까지 글로 풀어내 보길 권한다. 내가 나를 얼마나 모르고 있었는지 깨닫게 될 것이다.

　소크라테스는 아폴론 신전 기둥에 새겨진 "너 자신을 알라."는 격언을 철학적 활동의 출발점으로 삼았다. 무엇보다 자신의 무지(無知)를 아는 철학적 반성이 중요하다는 것이다. 나는 글을 씀으로써 나의 무지와 한계뿐 아니라 미처 몰랐던 잠재력까지 알아가고 있다. 계속해서 나를 알고 싶기에 키보드 두드릴 힘과 사유할 힘만 있으면 오래오래 글을 쓰고 싶다. 매일 쓰고 깊어지다 보면 진정으로 원하는 것을 찾아 자신 있게 이야기하는 날도 오지 않을까?

일상을 풀어내면 인생이 풀린다

글쓰기가 내게 준 것들

나의 하루는 글쓰기를 중심으로 돌아간다. 하루의 시작과 마무리를 글쓰기로 하는 거다. 새벽 5시에 일어나면 간단하게 스트레칭과 명상을 하고 글쓰기를 시작한다. 2~3시간 정도 글을 쓰고 나면 다른 일들은 사소하게 느껴진다. 꾸준히 하기 어려운 일을 새벽에 해치우고 나면 나머지 일들은 별거 아니다. 잠자기 전에는 감사일기 세 줄을 적고 하루를 마무리한다. 매일 반복되는 일상에서 세 가지의 감사함을 찾기란 의외로 어렵다. 그래도 매일 쓰는 이유는 어떤 일이 벌어졌건 하루의 마무리를 감사함으로 채우기 위함이다. 감사일기는 내 삶이 꽤 쓸 만하다는 걸 방증해 주기도 한다.

꾸준히 글을 쓴 지 어느덧 4년이 지났다. 어떤 주제이건 내 방식대로 풀어쓸 수 있게 됐지만 오랜 시간 작가로 살아온 이들의 내공에 비할 바는 아니다. 그런데도 글쓰기를 논하는 건 누구나 쓰는 삶, 나아가 쓸 만한 인생을 살 수 있음을 말하고 싶어서다. 이전에 일기조차 써 본 적 없던 나는 책 한 권을 위해 글을 쓰기 시작했는데 계속 쓰다 보니 세 권의 책을 출간했고 네 번째 책을 쓰고 있다. 신문과 잡지에 칼럼을 쓰고 있으며 작가라는 타이틀로 여러 강의를 한다.

글을 쓰기 전에 나는 장애아를 키우는 경력단절 주부였다. 하루를 육아와 치료, 가사로 채우느라 나를 잊은 지 오래였다. 그러나 글을 쓰면서 내 일상과 인생은 달라졌고 뭇사람과 삶을 대하는 태도도 한층 성숙해 가고 있다. 일상에서 지나칠 법한 일들을 글에 담아내고 쉽사리 쓰기 어려운 글을 쓸수록 생각이 깊어지며 삶과 세상을 바라보는 관점도 다양해진다. 고민이나 문제가 있으면 글로 풀어내어 스스로 위로하고 답을 찾는다. 나의 한계를 뛰어넘듯 글 쓰는 힘이 커갈수록 내면의 힘도 점점 커짐을 느낀다.

일상에서 글감 찾기

매일 글 쓰는 삶을 살기 위해서는 듣고 보고 느끼고 경험한 모든 것이 글감이라 생각하고 하루를 보내는 게 좋다. 나를 스치는 것들이 무의미하게 지나가지 않도록 화면 위에 꽉 붙들어 보는 거다. 글쓰기는 보이지 않는 생각과 느낌 등을 텅 빈 화면에 가지런히 꺼내어 놓는, 무에서 유를 창조하는 작업이다.

글이 안 써지는 날에는 글감이라도 정리한다는 마음으로 머릿속의 생각들을 끄집어내 기록으로 남겨둔다. 그렇게 하다가 나도 모르게 한 편의 글이 된 적도 무수히 많다. 몸이 피곤하거나 잡생각이 많을 때, 슬럼프에 빠졌을 때 굳이 '글을 써야겠다.'라고 마음먹으면 오히려 역효과가 난다. 오늘도 머리가 무거워서 글감이나 정리하자는 생각으로 빈 화면을 채우기 시작했고 이만큼 써냈다.

쓸 거리가 없어서 어떻게 쓰느냐는 질문을 종종 받는데 평소에 글감 노트를 작성하면 글감이 넘쳐난다. 음식을 하려고 냉장고 문을 열었을 때 텅 비어 있으면 할 수 있는 요리가 없다. 재료는 많은데 정리가 안 되어 있어도 찾는 데 오래 걸리고 어떤 요리를 할지 혼란스럽다. 여러 재료가 찾기 쉽게 정리되어 있으면 요리하기도 쉽다. 마찬가지로 평소에 생각과 경험을 정리해 놓으면 언제든지 글감 창고에서 재료를 꺼내 글을 쓸 수 있다. 글감 창고는 수첩이나 노트, 스마트폰 앱 등 어떤 것이든 휴대가 편한 게 좋다.

'이런 사소하고 시시콜콜한 걸 써도 될까?' 물론 써도 된다. 사람들은 평범한 내 이야기에 관심이 없지만 어떤 글에서 단 한 줄이라도 마음을 사로

잡히면 공감을 한다. 나와 비슷한 생각, 경험을 가진 사람은 분명히 있다. 신기하게도 별거 아닌 생각, 느낌일지라도 글로 쓰면 엉킨 실타래가 풀려 뜨개옷이 탄생하듯 하나의 작품이 된다. 특별한 것만 글의 소재가 되는 게 아니라 평범하고 사소한 이야기에 나만의 숨결을 불어넣으면 특별한 의미를 지닐 수 있다.

말하기보다 쓰기

나는 쓰는 삶을 살기 전까지 말하기를 좋아했다. 말은 시끄럽고 글은 조용하다. 말은 흩어져 사라지지만 글은 응축되어 남는다. 이 둘은 뗄 수 없는 관계이자 한 사람의 성격이나 인생을 보여 준다. 직설적이며 즉흥적인 화법을 구사하는 나에게 글쓰기란, 모래 속에서 순금을 가려내는 사금 채취 작업과 비견할 만하다. 그냥 뱉어 내면 허공에 흩어져 버리고 마는 말들이 고심하여 고른 말들로 쓴 하나의 콘텐츠로 탄생할 때, 모래 속에서 금덩이라도 발견한 심정이다.

말을 잘하는 사람이 글도 잘 쓸 수 있겠지만, 말은 하면 할수록 어쩐지 손해 보는 느낌이 든다. 말을 하고 후회하거나 문제가 된 적도 더러 있다. 반면 글은 쓰면 쓸수록 채워지고 단단한 사람이 되어 가는 느낌이다. 나이가 들어갈수록 자기 말만 옳다고 주장하는 꼰대가 되기 쉬운데 입을 닫고 글을 쓰면 지혜로운 어른이 될 수 있다. 말은 가볍고 글은 무겁다. 말은 흘어져 사라지지만 글은 기록으로 남는다. 오래도록 글을 쓰고 싶은 이유다.

글은 곧 자기 자신과 같다. 내가 쓴 글과 점점 닮아가는 나를 본다. 좋은 글을 쓰면 쓸수록 나도 좋은 사람이 되어 가는 것 같달까. 내 글에 스스로 감동하고, 내 글로 교훈을 얻거나 감동하는 사람이 많아질수록 내 삶도 감동으로 물들어갈 거라 믿어 의심치 않는다.

쓸 만한 인생

'좋은 글은 행복보다 불행에서 나온다.'라는 말이 있다. 들떠 있거나 기분이 좋을 때보다 차분하고 가라앉아 있을 때 글이 잘 써진다. 복잡하고 어려운 일, 힘든 상황, 고민이 있을 때 글을 쓰고 싶고 더 좋은 글이 탄생하기도 한다. 고민거리나 곤란한 일이 생기면 글로 풀어보자. 보이지 않는 머릿속 생각은 깊어질수록 꼬이게 마련이다. 눈에 보이는 글로 풀어내면 문제가 술술 풀리는 마법을 경험할 것이다.

둘째인 쌍둥이를 조산하고 한 아이를 잃었는데, 몇 년 후 한 권 분량의 글로 풀어내고 나서야 마음의 짐과 슬픔을 덜어낼 수 있었다. 고등학생 때 사춘기를 겪은 큰아들과의 문제도 블로그나 브런치에 쓰면서 해결해 나갔다. 아버지를 향한 분노와 원망으로 가득했던 어린 시절 역시 글로 쓰니 엄마의 사랑과 헌신이 보였다. 지난 일이든 현재 일이든, 크든 작든 글로 풀어내면 문제가 명료해지고 작아진다. 안개 속에 무섭게 보였던 큰 괴물이 길 잃은 강아지였음을 깨닫게 되는 것처럼.

> "당신이 글을 쓴다면 삶을 두 번 맛보게 될 것이다. 현재와 이 현재에 관한 글을 쓰면서 회고하게 될 때 두 번 말이다."
>
> — 아나이스 닌

참 좋아하는 글쓰기 명언 중 하나다. 퇴고까지 합하면 두 번이 아니라 여러 번 삶을 맛보게 되는 것이다. 단 한 번뿐인 삶을 두 번, 세 번 맛볼 수 있다면 그것만으로도 글을 쓸 이유는 충분하지 않을까? 그러므로 나는 오늘도 내일도 묵묵히 쓴다. 참 쓸 만한 인생이 아닐 수 없다.

누구든지 글을 쓰면 쓸 만한 인생, 살 만한 인생이 된다. 평범하고 무료한 일상이 생각할 거리, 쓸 거리로 넘쳐나는 놀라운 경험을 해 본 사람은 매일 글을 쓸 수 있다. 아무것도 아닌 것에 의미를 부여하고 가치를 매기는 일은 꽤 흥미롭다. 한낱 인간이 위대한 창조자가 되는 순간이다. 나는 오늘도 5시에 일어나 컴퓨터 앞에 앉아 텅 빈 화면을 마주한 채 글감을 고른다. 매일 바쁘고 여전히 힘들지만, 하루하루가 참 쓸 만하고 살 만하다.

3S, 글을 쓰려는 당신에게
필요한 세 가지

글을 쓰자고 결심한 사람에게 필요한 건 무엇일까? 우선 글쓰기에 두려움을 없애고 자신의 스토리를 솔직하게 쓰겠다고 마음을 먹어야 한다. 글을 쓸 때 생기는 여러 어려움이나 문제점은 직접 글을 써 봐야 극복할 수 있다. 글쓰기를 시작하는 사람에게 필요한 세 가지를 3S(Sincerity, Self-confidence, Steadiness)로 정리해 보았다.

글쓰기에 얼마만큼 진심인가?(Sincerity)

글을 쓰는데 무엇보다 필요한 것은 진심이다. 글을 왜 쓰는지 글쓰기가 나에게 어떤 의미가 있는지 스스로 묻고 또 물어야 한다. 진지한 성찰 없이 '그냥 한번 써 보자.'라는 마음으로 시작한다면 얼마 못 간다. 물론 시도조차 안 하는 것보다 쓰는 게 훨씬 좋다. 일단 글쓰기를 시작했다면 글을 쓰면서 묻고 글을 써 가면서 답을 얻을 수도 있다.

내가 글다운 글을 쓰기 시작한 건 책을 쓰면서부터다. 책을 쓰기 위해서는 많은 분량의 글을 써야 한다. 그래서 글쓰기를 배우거나 글을 오랫동안 써야 책을 쓸 수 있다고 생각했는데 나는 책 쓰기를 먼저 했다. 간절하게 책을 쓰고 싶었기에 거금을 들여 책 쓰기 아카데미에 덜컥 등록해 버린 것이다. 제대로 글을 써 본 적도 글쓰기 수업을 들은 적도 없는데 어디서 그런 용기가 나왔는지 모른다. 아마 글을 써 보지 않았기에 무턱대고 도전했던 것 같다. 이전에 써 봤다면 글쓰기가 얼마나 어려운지 알아서 주저했을지도 모른다. 하지만 첫해에 두 권의 책을 쓰고 이후 1~2년에 한 권씩 책을 쓰고 보니 내 선택이 탁월했다는 확신이 든다.

초보자에게 글쓰기는 무척 힘들었지만, 특정한 주제로 매일 쓰다 보니 필력이 생겨서 점점 수월해지고 그토록 바라던 책을 출간할 수 있었다. 책 한 권을 끝까지 써내는 일은 단거리만 달려본 사람이 마라톤을 뛰는 것과 같다. '어디 한번 달려 볼까?'가 아니라 무슨 일이 있어도 마지막 결승점까지 도달한다는 간절함이 필요한 이유다. 어떠한 목표라도 좋다. 기술은 시간이 해결해 주기 때문에 마인드부터 갖추는 게 우선이다.

자신감(Self-confidence) 장착하기

세상에는 글을 잘 쓰는 사람이 무척 많다. 작가인 나도 잘 쓴 글을 보면 의기소침해지고 기죽을 때가 더러 있다. 하지만 글을 쓸 때 남과의 비교는

절대 금물이다. 오랫동안 글을 써 온 사람, 매일 글을 쓰며 실력을 갈고닦은 사람과 이제 막 글을 쓰기 시작한 자신을 비교하면 자신감은 점점 하락한다. 급기야 '나 같은 사람이 무슨 글을 써.'라며 포기해 버릴 수도 있다.

아직 글쓰기에 자신이 없고 필력이 없는 사람에게 자신감은 필수로 장착해야 할 무기와 같다. 경쟁이 난무한 전쟁터는 아니지만, 글을 쓰는 사람으로 살아가려면 나와의 싸움에서 이겨야 하므로 무기가 꼭 필요하다. 글을 쓰다 보면 한계에 부딪힌다. 내가 가진 지식과 경험, 어휘력과 표현력의 한계는 수시로 찾아온다. 다른 사람의 글과 비교하면 내 부족함이 더 확실히 드러난다. 이때 자신감이 없다면 슬럼프에 빠지거나 절필할 수도 있다.

자신감을 얻으려면 잘 쓴 글을 봤을 때 절망할 게 아니라 그 글을 모방하면 된다. 가장 좋은 방법은 필사하는 것이다. 내가 쓰고 싶은 글을 쓰는 작가의 글을 그대로 베껴 써 보자. 그러면 그 작가의 문투와 표현력, 어법 등을 고스란히 배울 수 있다. 뭐든지 처음 배울 때는 잘하는 사람을 그대로 따라 하면 된다. 마찬가지로 잘 쓴 글을 꾸준히 따라 쓰다 보면 내 글도 어느새 그것과 닮게 될 것이다.

처음부터 완벽한 글을 쓰려고 하면 단 한 줄도 쓰기 어렵다. 자타공인 완벽주의자인 내가 그랬다. 처음엔 종일 앉아서 한 단락도 쓰기 힘들었다. 머릿속은 텅 비고 손은 그대로 굳어 버렸다. 하지만 '일단 쓰고 나서 고치자!'라고 마음먹으니 자판 위의 손가락이 움직이기 시작했다. 아무 말인 것 같아 어이없는 웃음도 나왔지만 그렇게 해서 일단 분량을 채울 수 있었고 A4 두 장 분량의 한 꼭지를 써내고 나자 '나도 할 수 있겠다!'는 자신감이 생겼다.

꾸준함이 답이다(Steadiness)

누구나 시작은 잘한다. 하지만 몇 개월, 몇 년 동안 꾸준히 하는 사람은 소수이다. 작심삼일이라는 말이 괜히 나온 게 아니다. 작심삼일은 뇌과학이다. 처음 3일 동안에는 부신피질 방어 호르몬이 나와 어떤 어려움이든 이겨 낼 수 있는데 3일이 지나면 이 호르몬의 분비가 멈춘다. 웬만한 의지와 끈기 없이는 3일을 넘기기가 힘들다는 얘기다. 그렇다면 의지가 약하고 끈기가 부족한 사람은 꾸준히 하기가 힘든 것일까?

그렇지 않다. 의지를 내지 않아도 저절로 행해지도록 습관을 만들면 된다. 2020년 12월에 온라인으로 습관 형성 프로젝트를 시작했다. 처음에 신청한 사람이 65명이었는데 한 달 뒤에 남은 사람은 30여 명에 불과했다. 이 중에서 반은 다음 한 달 동안 자취를 감췄다. 10개월 후, 쉬지 않고 꾸준히 하는 사람은 단 3명에 불과했다. 이 프로젝트를 운영하면서 꾸준함이 가장 어렵다는 걸 또 절감하게 되었다.

글쓰기도 처음에는 의식적으로 습관이 되도록 노력해야 한다. 일정한 시간을 정해 놓고 그 시간이 되면 무조건 글을 쓴다. 분량은 중요하지 않다. 글이 도저히 써지지 않은 날은 필사만 해도 된다. 오래 해야겠다고 마음먹을 필요도 없이 그날의 성공에만 집중한다. 만약 못 쓴 날이 있다면 깨끗이 잊고 다음 날 다시 쓰면 된다. 이런 노력을 통상 3개월 정도 하면 습관이 몸에 밴다. 그리고 6개월을 하면 의식적인 노력은 거의 필요 없고 습관적으로 하게 된다. 내가 만든 습관이 나를 만들어 가는 때가 온 것이다.

사람에 따라 이 기간은 다를 수 있다. 하지만 매일 꾸준히 6개월 정도 글을 쓴다면 글쓰기 근육이 생긴다. 꾸준히 운동하면 근육이 생기고 힘이 나는 것처럼, 일정 분량의 글을 써내는 힘이 생긴다. 처음 운동을 할 때 부위별로 근육통을 겪듯 글을 직접 쓰면서 여러 가지 어려움을 겪고 이겨 내야 한다. 많은 사람이 새해에 운동을 시작하지만 얼마 못 가 그만두는 것처럼 글쓰기도 도중에 그만두기 때문에 글을 못 쓰는 경우가 다반사다.

이 세 가지를 염두에 두고 글쓰기를 시작한다면 당신도 글을 쓰는 사람이 될 것이다. 내가 글을 왜 쓰는지 고민하고 자신감을 가지고 꾸준히 쓴다면 누구든지 쓰는 사람으로 살 수 있다.

4

꾸준히 쓰기 위해 필요한 것들

지속 가능한 글쓰기

"글을 꾸준히 쓰고 싶은데 잘 안 돼요."

온라인으로 새벽 글쓰기 캠프를 진행할 때 가장 많이 들었던 고충이다. 핑계 없는 무덤은 없다고 누구에게나 글을 쓰지 못하는 이유는 차고 넘친다. 혼자만의 시간이 없어서, 먹고살기에 바빠서, 쓸 거리가 없어서, 어떻게 써야 할지 몰라서, 글을 써도 필력이 나아지지 않아서 꾸준히 쓰지 못한다. 이런 이유가 해결되면 글을 꾸준히 쓸 수 있을까? 미리 답을 말하자면 그렇지 않다.

새벽 그리고 서재, 내가 매일 글을 쓰는 시간과 장소다. 새벽 5시 30분 즈음부터 7시 30분까지 글을 쓴다. 가끔 엄마가 오시면 서재를 내어 드리는데 거실에서는 글이 잘 써지질 않는다. 신기하게도 새벽 이외 시간에는 몰입이 되지 않아 글을 쓸 수가 없다. 다른 곳, 다른 시간에는 맞지 않는 옷을 입은 듯 불편하고 어색해서 도통 집중이 되질 않는다.

글을 쓸 때 시간과 장소가 그리 중요할까 싶지만, 매일 쓰는 사람으로 살려면 가장 기본적이고도 중요한 문제라 할 수 있다. 언제 어디서나 쓸 수 있다면 좋겠지만, 글쓰기는 그리 만만한 작업이 아니다. 지속 가능한 글쓰기를 위해 시간과 장소를 어떻게 요리할 것인가? 글이 쓰기 싫을 때는 어떻게 해야 할까? 누구나 쉽게 적용하고 시작할 수 있는 방법을 알아보자.

나만의 시간과 장소 고르기

글을 꾸준히 쓰기로 마음먹었다면 자신에게 맞는 시간대와 글을 잘 쓸 수 있는 장소를 찾는 게 우선이다. 탐험하는 기분으로 시시때때로 옮겨 다니며 글을 쓰다 보면 시공간이 시너지를 일으키는 지점을 발견할 것이다. 특정한 시간과 장소가 글을 더 잘 쓰게 해 준다.

내가 좋아하는 은유 작가는 식탁 위에서 글쓰기를 시작했다고 한다. 어린아이를 돌보는 여성이나 가정주부라면 식탁은 훌륭한 글쓰기 공간이다. 나 역시도 처음엔 식탁에 앉아 노트북으로 글을 쓰기 시작했다. 지금은 어엿한 서재와 스탠딩 책상, 의자용 안마기까지 갖추었지만 글쓰기 초보자라면 부담 없이 편안하게 시작할 수 있는 장소를 택하는 것이 좋다. 장비는 PC나 펜과 종이면 충분하다.

혹자는 도서관이나 카페에서 글이 잘 써진다고 한다. 백색 소음이 있는 곳들인데 향이 좋은 커피나 차를 곁들이면 더없이 좋은 공간이 될 수 있다. 욕조나 관 속에 들어가면 글이 술술 써진다는 작가도 있다. 어디에서 글이 잘 써지는지 찾는 과정도 큰 즐거움이다. 나만의 공간에서 생각의 나래를 펼쳐 쓰는 일은 무엇과도 바꿀 수 없는 행복이다. 해 본 사람만이 온전히 만끽할 수 있는.

글을 주로 쓰는 장소를 골랐다면 이제부터는 시간과의 싸움이다. 온종일 글을 쓴다고 해서 잘 써질 리 만무하고 글쓰기에만 매달려서는 꾸준히 쓸 수 없다. 매일 쓰는 습관이 없다면 하루에 10분 또는 30분 시간을 정해 놓고 그 시간 동안만큼은 무슨 일이 있어도 글을 쓰는 게 좋다. 스스로 데드라인을 정해 두고 그때까지만 글을 쓰는 거다.

데드라인을 정할 때는 구글 타이머라고 불리는 타이머를 이용하면 좋다. 휴대폰이나 초 시계를 이용해도 된다. 매일 어느 시간대에 얼마 동안 쓸 수 있을지 생각해 보고 그 시간이 되면 온전히 글쓰기에 몰입하는 것이다. 톨스토이는 매일 글쓰기의 중요성을 이렇게 설파했다. "매일 작업하지 않고 피아노나 노래를 배울 수 있습니까? 어쩌다 한 번으로 얻을 수 있는 것은 결코 없습니다."

기계적으로 움직이기

스트레칭을 하고 명상을 한다. PC 전원을 켠다. 유튜브 보관함에 들어가 글쓰기 음악 중 하나를 고른다. 이메일이나 기사에 눈 돌리지 않고 곧장 인터넷 즐겨찾기 맨 앞에 있는 글쓰기 화면에 접속한다. 발행되지 않은 채 저장된 글 제목을 훑어보고 마음에 드는 하나를 고른다. 간택당한 글이 오늘 내가 어떻게든 빚어야 할 도자기다.

나는 매일 새벽 글을 쓰기 전까지 '기계처럼' 움직인다. 딴짓이나 다른 생각은 허용하지 않는다. 오토 시스템으로 작동하는 기계처럼 순서대로 하지 않으면 나도 모르는 새 시간이 증발해 버리기 때문이다. 빗소리가 깔린 피아노 연주를 들으면 '이제 글을 쓸 시간이구나.' 뇌가 알아서 깨어난다. 그렇게 자동으로 글쓰기 문에 들어가면 가장 인간다운 모습으로 번뇌하며 글을 써 내려간다.

운동하기 싫을 때 짐을 챙기고 집을 나서는 행위는 일단 글쓰기 화면을 마주하는 것과 같다. 운동을 너무 하기 싫을 때 센터 문을 열고 들어가면 어떻게든 한두 시간 채우게 된다. 환경이 주는 에너지가 느껴진달까? 운동하는 사람들 속에서 아무 '생각 없이' 움직이고 나면 언제 하기 싫었냐는 듯 운동을 멈추기가 싫다.

마찬가지로 글이 쓰기 싫더라도 일단 PC를 켜고 집중이 잘 되는 배경 음악을 틀고 빈 화면을 보면 신기하게도 글이 '써진다.' 글쓰기 환경에 들어가면 언제 글쓰기 싫었냐는 듯 더 잘 써 보고 싶어 애면글면한다. 오늘도 '한 줄만 써야지!' 하는 심정으로 시작했는데 어느덧 마무리를 짓고 있다. 시작하기 전에 매번 일렁이는 하기 싫고 쓰기 어려운 마음한테 져 버리면 글 도자기를 하나도 못 빚는 사람으로 남을 것이다.

매일 글을 쓰려면

20년 넘게 해 온 운동도 종종 하기 싫은데 하물며 이제 4년 된 글쓰기가 수월할 리 있겠는가? 세계적인 작가인 파울로 코엘료도 글쓰기가 싫어서 3시간씩이나 딴짓하며 미룬다고 한다. 그리고 '자리에 앉아 30분 동안 글을 쓰자.' 생각하고 앉아서 글을 쓰면 10시간을 내리쓴다니 과연 글쓰기는 누구한테든 피하고 싶은 숙제이리라.

앞서 말한 글을 쓰지 못하는 여러 이유가 해결될 때 글을 꾸준히 쓸 수 있는 건 아니다. 반대로 이런저런 핑계 없이 '그냥' 쓸 때라야 여러 문제가 해결된다. 쓰다 보면 어떻게 해서든 나만의 시간과 장소를 만들어 내고 글

잘 쓰는 방법을 찾아 노력하게 된다. 매일 운동하면 몸에 근육이 생기듯이 매일 쓰면 필력이 좋아져 꾸준히 쓸 힘이 생기는 건 당연지사다.

바쁜 현대인에게 글 쓸 시간을 내기란 하늘의 별 따기다. 대부분은 그럴 필요성조차 못 느끼는 데다 쓰려고 마음을 먹어도 다른 중요한 일들에 치여 우선순위에서 밀려나기 일쑤다. 정말로 글을 쓰고 싶다면 매일 일정한 시간에 특정 장소에서 기계적으로 글쓰기 모드에 진입하는 걸 1차 목표로 삼아 보자.

그리고 하루에 한 문장이라도 써 보자. 뉴욕타임스 베스트 셀러 작가 루타 서페티스는 『나라는 베스트셀러』에서 "한 문장에 깊은 진실을 담을 수 있다. 한 문장은 그 자체로 하나의 이야기가 될 수도 있다."라며 한 문장 쓰기를 강조했다. 처음부터 분량에 연연했다간 얼마 안 가서 쓰기를 멈추게 될 것이다.

나는 새벽 시간에 글을 쓰지 않았다면 4년 넘도록 꾸준히 글을 쓰지 못했을 거라 확신한다. 새벽 그리고 서재. 이 시공간은 나를 살리고 내 꿈을 이루어 준 고마운 존재다. 오늘도 쓰기 싫고 써지지 않아 그냥 덮고 싶었다가 어느덧 마지막 문장을 고르고 있는 나를 본다. 나만의 글 도자기 하나가 (내 눈에는) 예쁘게 빚어졌다.

5.

글쓰기 시작의 기술:
일단 시작하기, 모방하기

일단 시작하고 나머지는 뇌에 맡긴다

중학교 때 친구 집에서 시험공부를 종종 했다. 앉자마자 공부하는 나와 달리 친구는 책상 정리에 공을 들였다. 성격이 깔끔해서 그런 줄 알았는데 지금 생각해 보니 공부가 하기 싫어 미루는 거였다. 느린 속도로 정리를 마친 그녀는 다음으로 계획표를 만들곤 했다. 친구가 정리와 계획 수립하느라 지쳐서 간식을 먹고 휴식을 취하는 동안 나는 한 과목 공부를 끝마쳤다.

무언가를 시작할 때 준비 과정이 길고 복잡하면 뇌는 시작하기도 전에 에너지를 잃고 지친다. 글을 쓸 때도 마찬가지다. '오늘부터 글을 써야지.' 마음먹고는 다른 일만 하며 미루거나 무얼 어떻게 써야 할지 몰라 고민하다가 쓰지 못한 경험을 한 번쯤 해 보았을 것이다. 한 문장 쓰기를 망설이는 사람은 '역시 글쓰기는 힘들어.' 합리화하며 쓰지 않는다.

"시작이 반이다."라는 말은 과학적인 근거가 있다. 정신의학자 에밀 크레펠린의 작동 흥분 이론(work excitement theory)에 의하면, 일단 일을 시작하면 뇌의 측좌핵 부위가 흥분하기 시작하여 관심과 재미가 없던 일에도 몰두하고 지속할 수 있게 된다. 미루거나 머뭇거리는 순간 성공과는 거리가 멀어지는 것이다. 우리 뇌는 시동이 걸리면 자동으로 작동하는 기계와 같다. 뭔가를 시작해야 뇌가 활성화하고 일단 시작하면 나머지는 자동으로 이루어지게 된다.

하늘 아래 새로운 것은 없다

그렇다면, 대체 무엇을 써야 할까? 글쓰기는 꽤 어려운 창조 과정이다. 하지만 전혀 새로운 생각이나 소재가 아니더라도 괜찮다. 나만의 시선과 스토리로 의미와 가치를 부여한다면 새로운 글이 탄생하기 때문이다. 많은 사람이 무언가를 만들어 내는 것에 부담을 느낀다. 스스로 창의력이 뛰어나다고 말하는 사람을 본 기억이 없을 정도다. 하지만 창의력이라고는 눈곱만큼도 없는 내가 꾸준히 글을 쓰고 책을 쓰는 걸 보면 누구든 할 수 있는 일임이 분명하다.

나 역시 창의력이 부족해 첫 책을 쓸 때 매일 머리를 쥐어뜯을 수밖에 없었다. 창작의 고통은 신선하면서 괴롭기도 했다. 그러던 어느 날, 책에서 "하늘 아래 새로운 것은 없다."라는 구절을 본 이후로 마음의 안정이 찾아왔다. 필력이 부족한 건 물론이고 새로운 걸 만들어 낼 능력도 없으면서 색다른 책을 쓰려고 했으니 고통스러울 수밖에. 수많은 책이 기존에 있던 책의 소재를 변형한 거란 걸 깨닫고 나서는 부담이 덜어져 글쓰기가 한층 수월해졌다.

무엇이든 처음 배울 때는 잘하는 사람을 따라 하면 된다. 노래를 못하는 사람이 프러포즈를 위해 발라드를 배운다고 해 보자. 가장 먼저 해야 할 일은 원곡을 수없이 듣고 따라 불러야 한다. 가수가 어떤 느낌으로 어떤 기교를 부리는지 연구해서 비슷하게 부르려고 노력하다 보면 음치가 아닌 이상 어느 정도 부를 수 있게 될 것이다.

글쓰기에서도 모방(mimesis)은 중요하다. 초보자가 글을 쓸 때는 좋은 글을 흉내라도 내야 한다. 매일 좋은 글, 잘 쓴 글을 따라 쓰다 보면 글쓰기 감각과 기술이 자연스레 흡수된다. 가수의 노래를 따라 부르다 어느 순간 잘 부르게 되듯 모범 답안을 모방해서 자신의 것으로 만들어야 한다. 모방은 창조의 원천이기 때문이다.

글쓰기 모방의 두 가지 방법

글쓰기 모방은 크게 두 가지 방법이 있다. 첫 번째, 형식 모방은 마음에 드는 글의 구조에 내용만 바꾸는 방법이다. 글의 구조나 구성을 짜기 어려운 경우에 유용하다. 신문 사설이나 칼럼 등 논리적인 글은 기승전결이 명확해서 구조를 모방하기에 좋은 글이다. 시나 소설, 수필도 구조를 빌려다 내용만 바꾸면 글쓰기가 한결 수월하다.

두 번째, 내용 모방은 같은 주제의 글에서 영감을 얻어 쓰는 방법이다. 주제와 관련된 글을 여러 편 읽거나 동영상 강의를 보고 정리되거나 떠오르는 생각을 쓰되 그대로 베껴 쓰는 표절을 조심해야 한다. 표절에 주의하려면 글이나 영상을 너무 오래 보지 않아야 한다.

나의 글쓰기 롤모델은 은유, 강원국 작가이다. 군더더기 없으면서도 깊이가 있고 정감이 넘치는 글을 닮고 싶다. 글쓰기 초보자라면 롤모델부터 정하길 바란다. 글은 전염성이 강해서 좋은 글에는 쉽게 감염된다. 롤모델의 글이나 책을 매일 10분 이상 필사해 보자. 필사할 때는 펜이 아닌 키보드로 하는 것이 좋다.

모방은 매우 중요한 시작의 기술이다. 필사를 하면 작가의 문투와 문체가 자신도 모르는 새 학습이 된다. 롤모델의 글이 주는 느낌을 비슷하게 낼 수 있게 될 것이다. 필사를 한 뒤에는 같은 주제로 자신의 생각을 써 보자. 그래야 나만의 필체가 생겨난다. 모방할 때는 단순히 따라 하는 것에서 그치지 않고 자기만의 색깔로 재구성, 재생산해야 창조가 된다.

글쓰기는 실패와 재시도의 반복이다

마흔 줄에 시작한 글쓰기는 지금껏 내가 해 온 것 중에 가장 힘든 일로 여겨진다. 매일 쓰는 사람으로 살기 위해서는 글을 써야 하는 명백한 이유와 목표, 강한 의지, 체력과 더불어 쓰는 시간을 따로 마련하는 등 필요한 게 한두 개가 아니다. 쉽게 써지지 않을뿐더러 실력이 금방 좋아지지도 않는다. 잘 써지는 날과 안 써지는 날이 두미없이 되풀이된다. 언제쯤 '이만하면 됐다.' 스스로 만족할지 끝을 알 수 없기에 아등바등한다.

글쓰기는 실패와 재시도를 반복하는 일련의 과정이다. 시작조차 어렵지만, 끝을 맺는 일은 더욱 만만치 않다. 글 한 편을 완성하기 위해 며칠을 붙들고 있던 적도 부지기수이다. 이 현상은 '자이가르닉 효과'로 설명할 수 있는데, 완성하지 못한 일을 마음속에서 쉽게 지우지 못하는 것으로 미완성 효과라고도 한다. 일단 글을 쓰기 시작하면 뇌는 끊임없이 생각하여 잊지 않으려 한다. 밥을 먹거나 길을 가다가도 아이디어가 떠오른다. 지금껏 끝까지 쓰겠다고 마음먹었던 글을 모두 완성한 것도 뇌가 알아서 했기 때문이리라.

은유 작가는 『쓰기의 말들』에서 "쓰는 고통이 크면 안 쓴다. 안 쓰는 고통이 더 큰 사람은 쓴다."라고 했다. 4년 넘게 글을 써 왔지만, 여전히 쓰는 고통이 크다. 하지만 나 역시 안 쓰는 고통이 더 크기에 글 쓰는 삶을 선택했다. 안 쓰면 핑계와 찝찝함이 쌓이고 쓰면 글이 남는다. 잘 쓰고 싶어 모방하며 쓰기 시작한 글이 나만의 글로 탄생할 때 어느덧 고통은 잊히고 창작의 기쁨이 찾아온다.

매일 새벽 정해진 시간에 앉아서 컴퓨터를 켜고 잔잔한 음악을 틀고 일단 글을 쓰기 시작한다. 그렇지 않으면 이런저런 핑계로 미룰 게 뻔하기 때문이다. 오늘은 허리가 아파서, 잠이 부족해서, 중요한 일이 있어서 등 쓰지 못하는 핑계도 퍽 다양하다. 도저히 못쓰겠으면 필사라도 한다. 글을 잘 쓰든 못 쓰든 무언가 써 놓았다는 게 중요하므로 매일 쓰고 있다는 거에 의의를 둔다. 나머지는 소우주인 나의 뇌에 맡긴 채.

6

질문하는 사람이 되자

질문과 글쓰기의 상관관계

"엄마, 이거 뭐야?"

"왜 그러는 거야?"

아이들에게는 세상이 호기심 천국이다. 아들 둘을 키우고 있는 나 역시 아이들 말이 터지고 모든 게 궁금해질 시기에 하루에도 수십 번 "뭐야? 왜?"라는 질문을 들어야 했다. 하도 질문을 해대는 통에 귀찮아져서 대충 대답하거나 모른다고 답하기도 했다.

그렇게 쉴 새 없이 종알대던 아이들이 점차 자라면서 질문을 하지 않게 된다. 아는 것이 많아지기도 하지만 학교에 들어가고 학년이 올라갈수록 토의나 발표를 하지 않는 교육 환경 탓도 있다. 질문하고 답하기가 아닌 주입식 교육을 받으며 자란 사람은 성인이 되어서도 질문하는 걸 꺼리고 어려워한다. 나 역시 학창 시절에 정해진 답을 달달 외우기만 했지 질문하고 생각하는 교육을 받진 않았다.

우리가 글을 쓰기 어려운 이유 중 하나는 질문을 제대로 하지 못하기 때문이다. 왜 질문을 잘해야 글을 잘 쓸 수 있을까? 질문과 글쓰기에는 어떤 상관관계가 있을까? 글을 쓰기 위해서는 질문하는 사람이 되어야 한다. 글을 쓸 때 명확한 답을 알고 전해 주면 좋겠지만 인생의 문제는 수학 문제처럼 한 개의 정답만 있는 게 아니다. 답하는 사람, 듣는 사람이 누구냐에 따라 해결책도 다르다. 그래서 세상에는 비슷한 주제의 글과 책이 무수히 존재하는 것이다. 내가 알고 있는 답이 어떤 것인지 몇 가지인지 누구를 위한 해법인지 제대로 묻고 답하는 사람이 글을 잘 쓸 수 있다.

어떤 질문을 하고 거기에 답하는 과정이 글쓰기라 할 수 있다. 예를 들어 글쓰기에 관한 질문을 한다면, 어떻게 하면 매일 글을 쓸 수 있을까? 자신의 이야기를 솔직하게 드러내기 힘든 사람은 왜 그럴까? 글감은 어떻게 찾을까? 필력을 늘리는 방법은 무엇일까? 등을 묻고 답하는 과정에서 한 편의 글을 쓸 수 있게 되는 것이다.

글을 쓸 때 해야 할 질문: 무엇을? 왜? 어떻게?

글을 쓸 때 꼭 해야 할 세 가지 질문이 있다. 무엇을? 왜? 어떻게? 쓸 것인가이다. 첫 번째로 "무엇을 쓸 것인가?" 글쓰기는 글감을 찾는 것에서부터 출발한다. 글감을 찾고 주제를 정했으면 끝까지 주제에서 벗어나면 안 된다. 그러기 위해서는 글을 쓰는 동안 무엇을 쓰고 있는지 계속 염두에 두어야 한다. 가장 기본적이지만 의외로 많은 이들이 주제에서 벗어난 글을 쓰곤 한다. 글을 마치는 순간까지 무엇을 쓰는지 잊지 말아야 한다.

글을 다 쓰고 나서는 한 번 이상 퇴고하면서 엉뚱한 내용을 쓰진 않았는지 점검해 본다. 글 쓰는 사람이 무엇을 말하고자 하는지 명확하지 않거나 여러 주제를 논한다면 전달력과 호소력은 떨어질 수밖에 없다. 한 편의 글에서는 분명한 한 가지 주제만 다루어야 한다. 여러 가지 요리를 파는 식당보다 한 가지만 파는 식당이 훨씬 전문적이고 맛집이라 불리는 걸 잊지 말자.

두 번째, "왜 쓰는가?"라는 물음이다. 자신이 그 글을 왜 쓰는지 생각해야 한다. 가장 중요하지만, 많은 사람이 어떻게 하면 잘 쓸까를 고민하지 왜 쓰는지 고민은 덜 한다. 혼자 보기 위한 일기가 아니라면 읽는 사람 입장에서 써야 자기만의 넋두리가 아닌 좋은 글, 많이 읽히는 글을 쓸 수 있다. 독자 입장에서 글을 써야 다른 사람의 시각에서 바라볼 수 있게 되고 시야가 넓어지며 통찰력이 생긴다. 또한 누가 읽을 것인지 명확히 정하면 전하고자 하는 메시지도 뚜렷해진다. 예를 들어, '다이어트 비법'보다는

'40대 직장인 여성을 위한 생활 속 다이어트 비법'을 쓸 때 주제와 독자가 더 선명한 글을 쓸 수 있다.

마지막으로 "어떻게 쓸 것인가?" 무엇을 왜 쓰는지 정해졌으면 다음은 질문에 대한 답을 어떻게 풀어갈 것인가 생각해야 한다. 멋있어 보이고 특별한 내용이 담긴 글을 쓰고 싶은 마음 때문에 글을 쉽사리 쓰기가 어렵다. 문학 글은 재능이 뒷받침되어야 하지만 실용적인 글은 쉽고 솔직하고 도움 되는 정보가 담기면 된다. 쉽게 쓴 글이 쉽게 읽히고 독자에게 어떤 이점을 줄 것인가 고민한 글이 기억에 남을 수밖에 없다.

내 시간만큼 소중한 것이 독자의 시간이다. 무슨 말인지 모르는 불분명하고 장황한 글이나 어려운 말로 도배된 글은 독자의 시간을 빼앗는다. 읽다 말고 덮어 버리는 글이 되지 않으려면 누구나 이해할 수 있도록 쉽고 간결하게 써질 때까지 시간과 노력을 들이면 된다. 진정한 고수는 쉬운 말로 짧게 설명할 수 있는 사람이다.

첫 책 『일류 두뇌』를 쓸 때 가장 어려운 점이 전문적인 내용을 간결한 문장으로 쉽게 쓰는 거였다. 이후로 수 개월간 매일 글을 쓰고 두 번째 책을 쓸 때 즈음에야 쉽고 간결한 글을 쓸 수 있게 되었다. 내가 알고 있다고 해서 남들도 안다고 생각하면 위험하다. 김대중 대통령은 "상대방이 내 말을 쉽게 이해할 것이라고 착각하지 않는 것으로부터 글쓰기는 시작되어야 한다."라고 했다. 글쓴이가 정성껏 빚어낸 시간과 노력이 있어야만 독자는 읽을 만한 글을 만날 수 있다.

글쓰기는 답을 찾아가는 과정

이 세 가지 외에도 글을 쓸 때는 질문이 많을수록 좋다. 성공에 관한 이야기를 쓴다면, 성공의 의미는 무엇인가? 사람들은 왜 성공하려고 하나? 성공하려면 어떻게 해야 할까? 만약 성공했다가 실패한다면? 등의 질문을 하고 그에 답하면 된다. 글쓰기는 어떤 질문에 미리 정해진 답을 쓰는 게 아니라 답을 찾아가는 일련의 과정이다. 내가 찾아간 답이 많은 사람에게 공감을 불러일으키고 해법을 줄 때 글의 가치가 더 올라갈 수밖에 없다.

글을 잘 쓰고 싶다면 지금부터 보고 듣고 겪는 모든 것에 스스로 질문하는 습관을 들여 보자. 마치 어린아이가 부모에게 끊임없이 질문하는 것처럼. '오늘 저녁은 뭘 먹을까? 주말을 어떻게 보낼까?' 매일 하는 가벼운 질문부터 '나는 무엇을 위해 쉴 틈 없이 달려왔나? 가치 있는 삶은 어떤 삶일까?' 진지한 주제까지 매일 머릿속에서 일어나는 물음표를 잘 골라내 보자. 자꾸 해 봐야 질문이 생기고 좋은 글은 예리하고 참신한 질문에서 탄생한다.

7

평범한 사람이
책을 써야 하는 이유

식지 않는 책 쓰기 열풍

몇 년 전부터 불어닥친 책 쓰기 열풍이 식을 기미가 안 보인다. 책 쓰기 과정이 넘쳐나고 한 달, 심지어 하루 만에 책을 쓴다는 허위, 과장 광고까지 등장한 요즘. 잘나가는 사람치고 저자가 아닌 사람이 없고 평범한 강사들조차 자기 책 한 권쯤은 가지고 있다. 왠지 나도 책을 써야 할 것 같은 위기감마저 든다. 바야흐로 책이 명함이 된 시대가 온 것이다.

인터넷과 SNS 발달로 누구나 콘텐츠를 생산하는 1인 미디어 전성시대가 도래했다. 누구나 말하고 쓰는 시대에 SNS는 단순히 일상을 전하는 것이 아닌 나만의 콘텐츠를 생산하고 저장하는 공간이다. 블로그나 페이스북에 써 놓은 글을 모아 책을 냈다는 사람도 늘어나고 있다. 그만큼 책을 쓰는 방법이 다양해지고 더 쉬워졌다는 의미다.

나는 독서나 글쓰기, 퍼스널 브랜딩에 관심 있는 사람을 만나면 꼭 책을 쓰라고 권한다. 좋은 것은 함께 하고픈 오지랖이기도 하다. 작은 날갯짓이 어떤 태풍을 일으킬지 아무도 모를 일이니까. 만약 당신이 책은 특별한 사람, 성공한 사람만 쓴다고 생각한다면 그 오해부터 바로잡아야 한다. 책은 누구나 쓸 수 있다. 책을 왜 써야 하며 어떤 내용을, 어떻게 쓸 수 있을까? 이 궁금증을 해소해 줄 노하우가 여기 있다.

책은 콘텐츠의 정수이자 최고의 명함이다

100세를 넘어 120세 시대라고 한다. 은퇴 후에도 살아온 인생에 버금가는 세월이 남아 있는 셈이다. 은퇴 후 전원주택에서 텃밭 가꾸며 시간을 보내는 수동적인 노년의 모습이 활기차게 새 삶을 누리는 역동적인 그레이(시니어) 세대로 대체되고 있다. 노동 수익이 끊기고 노후 자금마저 여의치 않다면 과연 무엇으로 수십 년의 삶을 채울 것인가?

이를 대비해서라도 나를 보여 줄 콘텐츠를 마련해 놓을 필요가 있다. 콘텐츠는 내가 잘하고, 좋아하고, 관심 있고, 잘 아는 것이 될 수 있는데 가장 좋은 건 단연 책이다. 책 한 권은 콘텐츠의 정수이자 최고의 명함 역할을 한다. 전문가로 인정받을 수 있는 가장 쉽고 빠른 방법이기도 하다. 부족하더라도 책을 한 권 써내면 전문가 수준으로 성장할 수도 있다. 나도 첫 책을 쓰고 나서 십 년의 공백기를 메우고 전문 강사로 재출발할 수 있었다.

책을 쓰지 못하는 이유로 가장 많이 듣는 말은 쓸 거리가 없다는 거다. 나 역시 처음 책을 쓰기 망설였던 가장 큰 이유였다. 글 쓰는 재주는 둘째 치고 도대체 무얼 쓴단 말인가? 쓸 것이 없다는 말은 해 보지 않은 자의 두려움에서 나온 핑계라는 걸 직접 책을 써 보고 나서야 깨달았다. 책을 쓰면 모든 것이 책과 연결된다. 평범했던 일상의 모든 게 글감이고 책 내용이 될 수 있다는 걸 발견했을 때의 기쁨이란!

책은 정보의 재생산, 재해석과 다름없다. 이미 있는 것들에 내 이야기를 더하거나 나만의 시선으로 표현하면 새로운 콘텐츠가 탄생한다. 내가 보고 듣고 느낀 것, 경험과 지식을 책에 녹여내는 것이다. 나의 이야기로만 책 한 권을 쓰기란 무척 버겁고 권위와 설득력이 떨어진다. 다행스럽게 책에는 남 이야기도 쓸 수 있다. 다른 사람의 사례나 예시, 연구 결과, 책이나 신문 기사, 논문의 인용 등 쓸 거리는 차고 넘친다.

글재주가 없어서 책을 못 쓰나요?

쓸 거리, 콘텐츠가 정해졌다면 다음 문제는 글을 써내는 능력이다. 글재주가 없어서 책 쓰기는 엄두도 못 낸다는 사람도 허다하다. 하지만 내 이야기를 가장 잘 쓸 수 있는 사람은 누구일까? 솔직하고 구체적으로 자신을 드러내고 시간과 정성을 들여 쓰면 못 할 것도 없다. 누구나 마음속에 책 한 권은 가지고 있다. 다만 그것을 꺼내는 사람과 그렇지 않은 사람이 있을 뿐이다.

책을 쓰면 글쓰기 실력이 놀라울 정도로 향상될 수밖에 없다. 첫 책을 쓸 때 첫 번째 원고를 쓰고 나서 한 달 후에 마지막 원고를 썼는데 수준 차이가 명확해서 초반에 썼던 원고를 대폭 수정했었다. 나에게 책 쓰기 코칭을 받은 사람들 역시 처음과 마지막 원고의 수준 차이가 어마하게 컸다. 책 한 권을 내려면 A4 100장 내외의 원고가 필요한데 그만큼 쓰는 동안 저절로 글쓰기 실력이 좋아질 수밖에 없다. 단기간에 필력을 기를 수 있는 최고의 방법은 단연 책 쓰기다.

인생을 리뉴얼 하고 싶다면

책을 꼭 쓰라고 권하는 이유 중 하나는 책을 쓰면 살아온 인생을 밀도 있게 돌아볼 수 있기 때문이다. 동시에 부족함도 발견하는데 더 경험할 것, 보완해야 할 것이 적나라하게 드러난다. 나는 처음 책을 쓸 때 글이 써지지 않는 답답함과 지난 삶에 대한 후회에 책을 쓰고 싶다는 간절함이 더해져 매일 눈물 바람이었다. 아무리 사소할지라도 뭔가를 꾸준히 해낸 사람은 누구든 책을 쓸 수 있겠다는 깨달음은 게으른 올빼미였던 나를 4년 넘도록 새벽마다 저절로 일어나 글을 쓰도록 만들었다.

책 쓰기는 내 인생을 손바닥 뒤집듯 순식간에 바꾸어 놓았다. 십 년간 장애아를 키우며 고군분투하던 전직 강사가 이루어 낸 '저자'라는 타이틀 덕분에 코로나 위기에도 온라인 강의와 코칭을 활발히 할 수 있었다. 그리고 꿈에 그리던 작가, 칼럼니스트로 살고 있다.

> "책을 쓴다는 것은 사랑에 빠지는 것이다. 나를 혹은 누군가를 또는 무엇인가를 사랑하는 사람만이 책을 쓴다."
>
> — 강원국, 『강원국의 글쓰기』

책을 쓰는 사람은 사랑에 빠진 사람처럼 무언가에 미쳐 있다. 미치지 않고서는 책을 쓸 수 없기도 하다. 그 사람만 보이고 그 사람만이 나를 기쁘게 하는 게 사랑이라면 나를, 내 삶을 사랑하는 가장 좋은 방법은 책을 쓰는 일일 테다. 책이 발간된 후에 자신감과 성취감은 말로 표현할 수 없을 정도로 황홀함 그 자체다. 책을 써 본 사람만이 느낄 수 있는 카타르시스를 누구든 느낄 수 있기를.

8

쓰지 않는 삶, 이제 그만!

3년 글 쓰고 3개월 안 썼더니

작년 초에 많은 일이 있었다. 그중 가장 큰 변화는 새벽에 일어나 글을 쓰는 대신 다른 일을 하는 것. 3년 동안 나는 새벽마다 온몸으로 한 글자 한 글자 밀어내며 글을 탄생시키는 디지털 노동자의 삶을 살았다. 별거 아닌 것 같던 그 시간이 얼마나 가치 있고 내 삶의 중심축이 되어 지탱해 주었는가를 쓰지 않는 삶을 살아보고서야 깨닫게 되었다.

2023년 초에 시작한 부동산 투자 공부는 나를 조급하게 했고 욕심을 크게 내게 했으며 종국엔 가장 귀한 시간을 내어 주기까지 했다. "그래, 나는 이전에 글 한번 써 보지도 않고 다섯 달 만에 책을 낸 사람이야. 몇 달만 새벽에 투자 공부해서 성과를 내보자!" 3년간 책을 3권 쓰고 전자책 12권을 쓴 나의 성공 경험은 자신감이라는 날개를 달고 거침없이 날아올랐다.

성공 습관과 마인드는 이미 장착했기에 투자 기술만 익히면 된다는 생각이었다. 남다른 열정과 한번 시작하면 끝장을 보는 끈기가 있어 금방 이룰 수 있을 거라는 확신이 가득했다. 보통 사람은 3년만 혹독한 삶을 살면 경제적 자유를 이룬다고 하니 나는 2년도 안걸리겠지? 노력하기 전에 핑크빛 미래를 꿈꾸는 일이란 너무도 쉬웠으므로.

밤늦게까지 강의를 듣자 새벽에 일어나기가 괴롭기 시작했다. 이미 습관이 되어 5시 전후에 저절로 눈이 떠져 더 자고 싶어도 그럴 수 없었다. 비몽사몽 스터디 과제를 하고 투자 관련 책을 읽고 강의 영상을 반복해서 보는 등 전과는 다른 새벽 시간을 보냈다. 밤 10시 즈음 취침, 5시 전에 기상하며 3년간 유지했던 새벽 기상 습관이 무너지려 하고 있었다. 습관 코칭을 할 때 늦게 자면 미라클 모닝을 하지도 말라는 말을 밥 먹듯이 했다. 그러던 내가 12시~1시에 자며 새벽에 일어났으니 생활은 점점 엉망이 되어 갔다.

역시나 얼마 가지 않아 예전의 충만하고 행복했던 하루하루가 사라지고 피곤함에 절은 채 부를 좇는 나, 현실과 이상의 괴리에 발버둥 치는 내가 보였다. 자신감과 확신은 여전했지만, 하루하루 모습과 생활이 만족스럽지 않았기에 종일 기분이 좋지 않았다. 부자가 되기로 한 선택은 변함없었으나 무언가 잘못돼 가고 있다는 생각이 들었다. 타인에 의해 돌아가는 쳇

바퀴에서 버티는 자가 자신만의 속도를 찾는 데는 시간이 필요하다.

돈을 좇는 삶이란

남들이 선망하는 직업을 가졌던 남편은 코로나가 시작되고 3년 반 동안 실업자로 살았다. 최저 시급을 받는 주말 아르바이트를 했지만, 예전의 20분의 1밖에 안 되는 벌이었다. 2년이 넘도록 회사가 회생하기만을 기다리다가 더는 월급의 노예로 살지 않겠단 각오를 다지고 투자와 사업 공부를 시작했다. 그동안 억대 연봉의 달콤함에 빠져 몰랐을 뿐이지 매달 월급을 기다리는 노동자로 살아왔음을 깨달은 것이다.

나에게는 엘리베이터가 필요했다. 남편의 실업 기간에 글을 쓰고 책과 칼럼을 쓰는 작가의 삶을 살면서 가족의 생계를 이어 갔으나 안정적인 수입이 없었기에 여전히 돈에 얽매인 지식 노동자와 다름없었다. 부동산 투자와 사업을 선택한 것은 자본가의 삶을 살면서 진정으로 좋아하는 일을 하기 위함이 컸다. 계단이 아닌 엘리베이터로 쉽고 빠르게 원하는 곳으로 마음껏 이동하고 싶었다.

그렇다면 돈이 나에게 자유를 가져다줄 것인가? 어디까지 나를 데려갈 수 있을까? 짧디짧은 초보 투자자의 삶에서 나는 돈만을 좇았던 게 아닌가 싶다. 가장 귀한 시간에 내가 하고 싶은 일, 잘하는 일을 팽개쳐 둔 채 새로운 일에 몰두하니 불안함이 커갔다. 매일 새벽 글을 쓰며 작은 성취감과 행복을 느끼던 나는 멀리 보이는 큰 산에 막연하기만 한 희망과 두려움을 동시에 느끼고 있었던 듯하다.

유한한 삶, 남은 시간에 나는

"당신의 돈은 나를 구할 수 없듯이 당신도 구할 수 없소."

1997년 영화 〈타이타닉〉의 대사이다. 철강 기업가 칼 혁슬리는 배가 가라앉자 얼마 남지 않은 보트를 타기 위해 책임자에게 거액의 현금을 제안했으나 거절당한다. 절체절명의 순간 우리에게 필요한 것은 돈이 아니라 시간이라는 걸 여실히 보여 주는 말이다. 유한한 삶을 침몰하는 배에 비유한다면 남은 시간 우리는 어떻게 살아야 하는 걸까?

나는 새벽에 글을 쓸 때 따뜻한 물과 BGM을 준비한다. 빗소리가 섞인 피아노 소리가 타닥타닥 키보드 소리에 어우러져 마음을 적신다. 몰랐던 나, 진짜 나를 만나고 내면을 깊이 들여다보는 시간. 아! 눈물 나도록 행복한 나만의 시간이다. 당장 큰돈을 벌지 못한다 해도 매일 쓰는 삶으로 다시 돌아가야겠다. 침몰하는 타이타닉 배에서 끝까지 바이올린을 연주하던 사람들처럼 남은 내 삶을 고귀하게 살고 싶다. 이제 다시는, 쓰지 않는 삶을 살지 않으리라.

강은영 작가가 전하는 글쓰기로 성장하는 비결

❀ 글쓰기는 내면 성찰의 도구, 가장 깊은 곳의 나와 만날 수 있다. 원하는 것, 무지와 한계, 잠재력까지 알 수 있는 최고의 방법이다.

❀ 일상에서 글감을 찾아 글감 노트 작성하기
내가 보고 듣고 느끼고 생각한 모든 게 글감이 된다. 힘들거나 곤란한 일도 글로 풀어내면 치유가 되고 일이 풀린다.

❀ 글 쓸 때 필요한 세 가지, 3S
① 진심(Sincerity): 글을 왜 쓰는지, 글쓰기가 어떤 의미가 있는지 고민하자.
② 자신감(Self-confidence): 일단 쓰고 나서 고치자. 잘 쓴 글과 비교하지 않고 필사하거나 모방한다.
③ 꾸준함(Steadiness): 6개월 이상 써서 필력을 키운다.

✱ 나만의 시간과 장소 골라 루틴대로 기계적으로 움직이기

글을 꾸준히 쓰는 게 무엇보다 중요하다. 정해진 장소에서 일정한 시
간에 매일 꾸준히 써서 글근육(필력)을 키우자.

✱ 시작의 기술
① 일단 시작하기: 뇌는 시동이 걸리면 자동으로 작동하는 기계와 같
다. 뭔가를 시작해야 뇌가 활성화하고 일단 시작하면 나머지는 자
동으로 이루어지게 된다.
② 모방하기: 하늘 아래 새로운 것은 없다. 롤모델의 글의 구조와 내용
을 모방하자.

✱ 질문하기
글을 쓸 때 '무엇을, 왜, 어떻게'라는 질문을 해야 한다. 글쓰기는 질문
에 대한 답을 찾아가는 과정이다.

✱ 책은 콘텐츠의 정수이자 최고의 명함이다. 인생을 리뉴얼하고 싶다면
책을 쓰자.

✱ 하루하루 만족스러운 삶을 살고 싶다면 글쓰기를 놓지 말자.

제2장

하라더면
독서만 할 뻔했다

김원주

글쓰기에서 도약이란

쓰면서 채워지는 것

부끄럽다, 첫 책

노트북의 글쓰기 파일에는 쓰다만 잡다한 글이 소복하다. 어떠한 일의 원인을 알고 싶을 때 글을 쓴다. 가령 기분이 애매하게 나쁜데 무엇 때문인지 알 수 없을 때, 오늘따라 감정이 밑바닥까지 가라앉아 우울한데 이렇다 할 문제는 없을 때 찜찜한 기분을 글로 풀어낸다. 그러면 원인이 찾아진다. 해결은 안 되더라도 원인을 아는 것만으로 얼마나 개운한지.

글을 쓰게 된 계기는 내 안에 가득 찬 이야기를 토로하고 싶어서다. 첫 책 『철밥통을 차버린 여자』는 그저 말하고 싶어서 썼다. 경험과 추억을 마구 소환해 멋있게 편집하고 구성했다. 돌이켜보면 너무 내 말만 한 것 같아 쥐구멍에라도 숨고 싶다. 그렇다고 쓰고자 했던 행위가 후회되진 않는다. 그 행위는 글쓰기 도약을 위해 내디딘 첫발이었고 앞으로 나아가기 위해 꼭 필요한 과정이었다.

글쓰기 1단계

처음 글을 쓸 때는 대부분 일상 경험을 쓴다. 글쓰기의 첫 번째 단계이다. 예를 들어 '초코파이'라는 소재로 글을 쓴다면 누구나 이야깃거리가 있을 것이다. '수제비'는 어떤가. 바로 떠오르는 경험이 있지 않은가. 『다정소감』에서 김혼비 작가는 글쓰기에 대해 이렇게 말했다.

"글 쓰는 일이란 결국 기억과 시간과 생각을 종이 위에 얼리는 일이어서 쓰면서 자주 시원했고 또한 고요했다." 글을 쓰는 사람이라면 실력을 떠나 이런 청량함의 매력에 빠져 계속 쓰게 되는 건 아닐까 싶다.

마구잡이로 쓴 노트북에 담긴 글은 어디 내놓을 수가 없다. 뒤죽박죽인 마음을 산발하듯 백지에 쏟아냈기에 감정 분출의 의미가 있을 뿐 누군가에게 읽힐만한 수준은 아니다. 그런 글들이 쌓이다 보니 어떻게든 정리하고 싶다. "정성껏 얼려 내보낼 글들이 나의 산문집을 방문해 준 사람들의 마음속에서 잘 녹으면 좋겠다."고 한 김혼비 작가의 말처럼 조금 더 다듬어 쓸모 있게 만들고 싶은 욕심이 있다. 여기서 쓸모란 상품으로 재탄생시키고 싶다는 뜻이다.

글쓰기 2단계

책을 몇 권 써 본 경험에 의하면 글쓰기보다 책 쓰는 과정을 통해 인간이 얼마나 크고 깊게 성장할 수 있는지 충분히 알고 있다. 집 안을 대청소하듯 쌓인 글 중 치울 건 치우고 들일 건 들여서 어떤 방법으로 버리고 닦고 배열할지 결정해야 새 상품으로 만들 수 있다. 여기서 질문해 봐야 한다. 단순히 '글을 쓰고 싶다.'를 넘어서 '무슨 글을 쓰고 싶은가?'라고.

처음에는 마음의 흔들림을 써 보고, 아이에게 편지도 써 보고 커피나 된장찌개에 대해 편안하게 쓰자. 그러다 나를 넘어 누군가에게 도움을 주고 싶다는 욕심이 들 때쯤 글쓰기 도약에 다다른 것이다.

글쓰기 2단계는 어떤 글을 쓰고 싶은지 정의할 수 있는 단계이다. 어떤 글을 쓰겠다고 마음먹으면 어렴풋이 방법이 그려진다. 내용이 어떻게 채워질지 구체적인 것까지는 모르지만 일단 쓰다 보면 어떻게든 채워질 것이라는 약간의 자신만만함 비슷한 것이다. 비로소 글쓰기에서의 방향이 그려진다. 약간의 흔들림은 있을지언정 크게 방황하지는 않을 것이다.

이런 글을 쓰고 싶다

나는 지금 2단계 어디 즈음에 있다. 다음 단계는 무엇인지 모른다. 여기서 한 번 더 도약하게 된다면 지금 알게 된 얄팍하면서도 형용하기 어려운 이런 느낌이 대단한 발견인 듯 글로 써서 남긴 지금의 나 자신이 얼마나 또 부끄러울지 두렵긴 하지만 이 계단을 밟지 않고 그냥 뛰어넘을 수 없으니 나름 애쓰고 있구나, 라고 봐주시면 좋겠다. 이미 지나온 누군가에게는 우스울 테지만 또 누군가에겐 도약의 계기가 될 수 있지 않은가.

이런 글을 쓰고 싶다. 일상 경험을 소재로 하여 공감할 수 있고 조금 깊게 사고할 수 있되 생각의 여운이 남는 글, 가벼우면시도 한편으로는 무거운 글, 정형화된 방법을 벗어나 서툴러도 감정과 마음이 전달되는 글을 잘 쓰고 싶다. 김혼비 작가는 '글쓰기는 몸에 새겨지는 성취의 감각'이라 했다. 고심해서 쓴 한편의 글을 완성하는 것은 또 한 번 성취한 것이다. 매일 쓰면 매일 성취하는 것이다. 이보다 더 나를 좋아하고 자신할 방법이 있을까. 하나씩 알아가고 깨닫게 되는 것. 그것이 진정 글쓰기가 가진 본래의 매력이자 도약이 아닐까. 지금 부족하기에 충분히 가능성이 열려 있다는 것 또한 즐거운 일이다.

2.

지름길에는 덫이 있다

힘든 길과 지름길

등산할 때나 오솔길을 걷다 보면 반드시 지름길이 나온다. 대부분은 지름길을 선택한다. 물론 나도 그렇다. 힘들고 오래 걸리는 길을 일부러 선택할 필요는 없다. 특히 우리나라 사람들의 특징인 '빨리빨리' 성향 때문에 빠른 효과가 나지 않으면 쉽게 외면당한다. 그런데 낯선 곳에서 지름길로 가려다 되려 길을 잃는 경우도 적지 않다.

심한 길치인 나는 지름길인 것 같아 그 길로 갔다가 시간이 지날수록 목적지와 점점 멀어지는 불안감에 처음 갈림길로 되돌아왔다가 다시 걷기 시작할 때가 종종 있다. 시간과 노력을 줄이려다 2배 이상 더 소요되는 경험을 심심찮게 한다. 어디 등산할 때뿐이랴. 새로운 공부를 위해 강의를 들을 때도 쉽게 지름길의 유혹에 빠진다. 강사는 자신만의 노하우를 알려

주지만 익숙하지 않은 강사의 방법을 따라 하다 돌고 돌아 결국 내가 주로 쓰던 방법대로 하고 만다.

글쓰기에서의 지름길

글쓰기에도 쉽게 쓰는 지름길이 있다. '서론, 본론, 결론'의 기본적인 형식을 갖추면 깔끔하고 설득력 있는 글이 된다. 특히 팔리는 글쓰기에는 '주장, 근거, 예시, 주장강조, 결론'이라는 순서에 맞게 쓰면 금세 한 편의 글이 완성된다. 요즘은 챗GPT에 물어보면 수 초 이내 원하는 자료를 찾아 주기까지 한다. 글 한 편 쓰는 데 어려움이 없다.

문제는 읽히지 않는다는 것이다. 공식에 맞게 완벽히 구성했음에도 감정이 전해지지 않는다. 검색창에 뜨는 수많은 글이 그렇다. 챗GPT가 일반적인 내용은 알려 줄 수 있어도 그곳엔 '내'가 빠져 있다. 빨리 갈 목적으로 지름길을 찾는 데만 집중한 탓이다. 몰입해서 읽히는 글은 나밖에 쓸 수 없다.

형식에 맞추어 쓰는 연습을 계속하던 나는 어느 날부턴가 누구나 쓸 수 있는 글 말고 나 자신이 진심으로 읽고 싶은 글을 쓰고 싶었다. 그때부터 글 쓰는 형식은 갖추되 형식에만 연연하지 않고 내 것으로 채우기 시작했다. 방법은 이렇다.

첫 줄은 마음이 말하는 대로 무작정 쓴다. 하고 싶은 말은 있는데 글로 표현이 안 될 때는 쓰는 것을 잠시 멈추고 책을 읽고 필사를 한다. 쓸 소재가 부족하면 자료를 찾아 공간을 채우고 잘 어울리는지 한 번 더 읽는다. 반복되는 단어는 빼고 단락을 이리저리 옮긴다. 뭔가 아쉽다면 진심이 빠졌는지 인터넷 자료가 알려 준 그대로 억지스럽게 채우려고 하지는 않았는지 정성 들여 교정한다. 이런 과정을 거쳐야 공개할 수 있는 한편의 글이 된다. 잘 쓰고 못 쓰고는 다음 문제다.

해야 할 바를 하는 것

『내가 가진 것을 세상이 원하게 하라』에서 최인아 작가는 지름길에는 덫이 있다고 했다.

"지름길은 당장 성과가 있더라도 완전히 자신의 것이 되지는 못합니다. 스스로 믿음이 충실한 전문가까지는 못 가는 것 같아요. 문제가 생겼을 때 겉보기에는 같은 문제 같아도 속은 다르게 생겨서 남의 해결책을 대입해도 나에게는 통하지 않는 경우가 대부분입니다. 진짜 해결책은 스스로 질문하고 답하는 과정에서 키워진 역량만이 내 방식대로 풀어나갈 수 있습니다."

그렇다면, 역량을 키우기 위해서는 어떻게 해야 할까? 다시 말해, 지름길이 아니라 굳이 힘든 길을 택했다면 무엇부터 먼저 해야 할까? 최인아 작가는 "해야 할 바를 바로 하는 것"이라고 한다. 좀 더 빨리, 좀 더 많이 하기 위한 또 다른 방법을 찾느라 시간 소비하지 말고 지금 할 수 있는 일을 실행하라는 것으로 나는 이해한다.

글을 쓰기 위해 지금 당장 할 수 있는 것

글쓰기에서는 한 문장을 쓰는 것부터가 시작이다. 지금, 이 글도 어떤 모습으로 완성될지 모른 채 한 문장 쓰기부터 시작한 글이다. 생각나는 대로 쓰면 내용이 산으로 가는 것은 당연하다. 지름길 얘기하다 어린 시절 길을 잃은 얘기까지 나왔으니 말이다(퇴고 과정에서 삭제). 그렇지만 한 줄이라도 쓴 글이 있어야 고쳐 쓸 것도 생긴다. 답이 없다는 생각이 들 때도 있다. 이게 맞나 싶기도 하다. 그런데도 하는 것(쓰는 것)이다.

"시간이 쌓이고 경험이 축적되면 문제를 바라보는 시선과 태도가 처음과 다르게 변하게 됩니다. 나만의 해결책을 만들어 가는 것이죠."

— 최인아, 『내가 가진 것을 세상이 원하게 하라』

내가 쓴 글에 반응도 없고 자신감이 떨어져 한발 나서지 못하고 주춤주춤한 적도 있지만 다행인 것은 끝까지 멈추지 않았다는 것이다. 느리지만 조금씩 방법이 보인다. 얼마 못 가 또 뿌연 구름이 앞을 가로막는다는 것을 알고 있다. 그래도 뿌연 구름의 두께는 이전보다는 얇아지고 있다. 해야 할 일이 있는데 성과가 보이지 않아 뭉그적거리고 있다면 축적의 힘을 믿고 그냥 해 보길 바란다. 해야 할 바를 하는 것. 덫에 걸리지 않는 유일한 비결이다.

3.

팔리는 글쓰기에 앞서
마음을 다루는 글쓰기

어느 때보다 글쓰기가 강조되는 시대가 되었다. '돈 되는 글쓰기', '팔리는 글쓰기' 같은 수식어가 난무한 가운데 일상을 다룬 글이나 마음을 살피는 글은 정말 아무짝에도 쓸모없는 것인가? 당장 돈이 안 되는 글은 가치가 없는 것인가? 글쓰기에서 진짜 중요한 것은 무엇일까?

『우리는 글쓰기를 너무 심각하게 생각하지』에서 정지우 작가는 "글쓰기는 거리 두기다."라고 했다. 언제든 또 다른 나를 소환해 본래의 자신을 바라볼 수 있다고 한다. 그는 매일 글을 쓰는 사람으로서 글쓰기에 대한 자신만의 신념을 이같이 말한다. "매일 글을 쓴다는 건 더 자주, 더 쉽게 나를 소환하는 능력이다."

글쓰기는 마음을 살펴보는 행위

나는 마음이 혼란스럽고 뭘 어떻게 해야 할지 모르겠을 때 한글 문서에 생각나는 대로 마구 적는다. 최근 쓴 글은 건물주에게 잔소리를 듣고 난 후였다. 말이 잔소리이지 세입자의 설움을 온몸으로 느낀 후 서럽고 억울한 마음을 주체할 수 없어 늘어놓은 푸념에 가까운 글이었다. 감정이 격해질 때 글을 씀으로써 나와 거리를 두어 부정적 감정에 사로잡히지 않도록 스스로 보호한다. 앞에서는 온갖 비위를 맞추고 돌아서는 순간 식식거리는 한 사람을 가만히 바라보면 신기하게도 처음에 느꼈던 모멸감과 설움의 온도가 서서히 내려간다.

또 한번은 가정의 달 5월, 3일간의 황금연휴를 보내고 출근한 날이었다. 일은 해야 하는데 도통 집중이 안 되는 거다. 지난 3일 게으르게 보냈다는 기분 나쁜 감정이 일을 하기 싫게 만들었다(글을 쓰는 과정에서 알게 된다). 답답한 마음에 지인에게 전화할까 약속을 잡아 수다를 떨까 하다가 어차피 다른 누군가가 해결해 줄 수 없다는 걸 알기에 노트북을 켜고 그런 마음을 있는 그대로 글로 불러냈다. 그러면 오래지 않아 무력감이 편안한 감정으로 전환되어 내 안에 숨어 있는 에너지까지 불러올 수 있다. 원인 모를 답답함이 해결되는 순간이다.

나의 하루를 글로 빚을 수 있다면

첫 줄을 정신없이 써 내려가다 보면 무엇이 문제인지도 모르는 마음들이 글로 구체화되어 눈에 보이고 그때 서야 비로소 앞으로의 대안이 생각

난다. 첫 줄을 쓸 때는 감정의 쓰레기통처럼 내뱉고 말지만, A4 반장 정도 쓰면 감정 정리뿐 아니라 긍정적 생각 변화까지 이르게 된다. 글을 통해 내 삶을 자세히 응시하면서 위안을 받기도 용기를 내기도 한다.

글을 쓴다고 당장 돈을 많이 벌게 되는 것은 아니다. 삶의 문제가 물 흐르듯 해결되는 것도 아니다. 하지만 흔들림 없는 하루의 주축이 된다. 나와 같은 프리랜서에게 글쓰기는 꼭 필요하다. 주어진 루틴이 없어 행동뿐만 아니라 마인드까지 흔들릴 경우, 글쓰기는 스스로 바로 잡아 주는 디딤돌과 같다. 그래서 글을 안 쓰는 날이 계속되면 일상은 번잡해지고 당장 눈앞에 보이는 일만 대충 처리하고 만다.

직장인도 예외는 아니다. 매일 같은 시간 출근하고 퇴근하는 행동의 루틴은 지킬 수 있어도 내면의 방황은 스스로 책임질 수밖에 없다. 그때 글을 써서 마음을 들여다볼 필요가 있다. 정지우 작가는 "나의 하루를 글로 빚어서 나만의 작품을 만들어 낼 수 있다면 매일 작은 보물을 쌓는 것과 같다."라고 했다.

지금은 글을 써야 할 때
시간은 조용히, 계속 흐르고 있다. 당장 연말이 코앞에 이를 것이다. 그때 여지없이 시간이 빠르다는 감탄과 푸념을 반복하며 아쉬워할 것인가.

시간의 흐름에 끌려가지 않고 오늘을 정신없이 보내지 않는 가장 좋은 방법은 내가 가진 하루를 어떻게 보냈는지 기록하는 것이다. 들뜬 마음이 족히 가라앉지 않거나 유난히 처지는 날이 있다면 당장 글을 썼으면 한다. 어떤 동기 부여 책보다 효과가 있을 것이다. 아무 일 없이 편안한 날이라면 그것대로 감사하고 유난히 잘 풀리는 날은 더없는 행복을 글이라는 매개체로 오래도록 잡아 둘 수 있으리라.

글쓰기의 본질은 팔리는 글에 앞서 내 마음에 정직한 글이다. 결국 정직하고 진솔한 글이 잘 팔리는 글이 된다. 더는 미루고 싶지 않을 때, 흔들리는 마음을 조금이라도 다잡고 싶을 때, 글쓰기로 자신을 멀리서 바라보고 냉정하게 마음을 다져 보는 건 어떨까. 나만의 세계에 고립되어 있다면 글 쓰는 나를 소환해 살짝 거리를 두고 보면 분명 다르게 보일 것이다.

4.

왜 읽고 쓰고
운동해야 하는가?

나는 프리랜서 자영업자다. 일정하게 갈 곳도, 할 일도 정해져 있지 않다. 오늘 어디로 갈지, 무슨 일을 해야 할지 모든 것은 내가 결정한다. 온종일 침대에 뒹굴어도 아무도 잔소리하지 않는다. 주도권의 100%를 쥐고 능동적인 삶을 살 수 있지만 한없이 늘어질 수도 있다. 특히 나는 먹고 마시고 눕는 것을 상당히 좋아한다. 좋아한다고 매일 그렇게 보낼 수가 있나. 당장은 좋을지라도 반나절만 지나면 우울감이 찾아와 금세 후회한다. 누구나 그럴 것이다. 후회를 줄이고자 찾은 방법이 읽고 쓰고 운동하는 것이다. 뇌의 본성에 역행해 보려는 나름의 노력이랄까.

읽고 쓰는 것

읽는 것이 가장 쉽다. 운동하는 것이 조금 더 어렵다. 가장 어려운 것은 쓰는 것이다. 가장 어렵다는 것은 제일 하기 싫다는 것이다. 굳이 이 셋의

서열을 매기자면 읽기가 가장 쉽다는 것이지 눕는 것, 먹는 것, 유튜브 보는 것에 비하면 읽기도 어마어마하게 어렵다. 자세 잡고 앉기까지가 만만치 않다. 누군가는 누워서도 편하게 책을 읽는다는데 나는 그렇지 않다. 누우면 영상을 보고 싶고 어느새 눈이 감겨 있다. 읽는 것도 자세 잡고 집중해야 제대로 저자와 교감할 수 있다.

쓰기는 블로그에 책 후기를 쓰거나 플랫폼에 전자책을 등록하기도 하고 이렇게 종이책을 쓰기도 한다. 매일 규칙적으로 쓰는 것이 목표지만 대부분 실패한다. 어떤 방법이 가장 효과적일지 항상 고민이다. 운동은 생각 없이 몸을 움직이면 되는 것이라 센터에 가기만 하면 절반은 성공이다. 요즘은 점핑과 웨이트를 겸하고 있다. 분명 몸을 움직이는데 오히려 생각 정리가 잘되는 효과가 있다.

운동하는 것

오후 5시 30분이면 운동을 시작한다. 50분간 격렬하게 뛰어야 하므로 에너지 소모가 커서 운동 1시간 전 밥을 든든히 챙겨 먹는다. 그런데 그 밥이 뱃속에서 자리를 잘못 잡았는지 종종 배가 아프다. 항상 왼쪽 배가 결린다. 어떤 날은 속이 울렁거리고 어떤 날은 다리가 천근만근이다. 분명 내 몸의 일부인데도 남의 것인 양 들어올리기가 힘겹다.

가끔은 다리가 깃털처럼 가벼운 날도 있긴 하다. 컨디션이 좋아 날아갈 것만 같다. 일주일에 한 번 있을까 말까 하는 그날은 10년은 젊어진 기분이다. 가끔 그런 날이 있지만 대부분의 날이 그럭저럭이거나 별로다. 다행인 건 50분 수업에 30분 정도 지나면 무거운 몸이 조금씩 가벼워지면서 부적응에서 적응으로 전환된다. 시작하고 30분은 예열 시간이고 나머지 20분이 본격적인 운동 시간이다.

쓰는 것과 운동하는 것

책을 쓰는 동안은 모든 순간이 책의 주제와 연결된다. 흥겨운 음악에 맞춰 트램플린 위에서 점핑을 하면서도 '왜 안 써질까?', '어떻게 표현할까?'를 생각한다. 요즘처럼 날이 덥고 쓰기가 마음처럼 되지 않을 때는 더 그렇다. 아무 생각 없이 리듬에 맞춰 기계적으로 뛰다가 문득 생각한다. '운동과 쓰기가 참 비슷하구나.' 매일 쓰려고 하지만 매일 잘 안 써진다. 어느 날은 마땅한 소재가 없고 어느 날은 집중이 안 되고 어느 날은 시간이 없고. 그러다 가끔 한 번씩 손가락이 자유자재로 춤추는 날이 있다. A4 한 장이 금방 채워지곤 하는데 운동처럼 일주일에 한 번도 아니고 한 달에 한 번 있으려나. 정말 가끔 그런 날이 있다. 그것도 쉬지 않고 꾸준히 해야 한두 번 맛볼 수 있다.

'왜 이렇게 잘 안 써지는 걸까?'라는 물음에 안 써지는 게 지극히 당연하다는 것을, 운동을 통해 깨달았다. 읽고 쓰는 행위는 상당한 집중을 필요로 하기 때문에 시작이 쉽지 않다. 온갖 욕망을 이겨 내고 쓰다 보면 분량이 채워진다. 운동할 때 30분의 예열 시간이 필요한 것처럼 글쓰기에서도 달궈지기까지 시간이 걸린다. 초반 30분 부적응의 불편함을 무사히 보내면 적응의 시간이 온다. 몸의 퍼포먼스가 전환되는 순간이다. 초반 '컨디션 나쁨'을 문제 삼지 말고 받아들이는 것이 정신건강에도 좋다.

아름다운 구속

가수 김종국은 인터뷰에서 큰 사고 없이 연예계 생활을 할 수 있었던 이유가 꾸준한 운동 덕분이라고 했다. 비슷한 의미에서 나의 하루는 '읽고 쓰고 운동하는 것'으로 체계를 만든다. 자유로움을 위한 셀프 구속으로 삶의 균형을 잡으려 한다. 어느 쪽으로 치우치는 것은 위험하다. 읽고 쓰고 운동하는 것을 성실히 하면 그 어려운 것을 해낸 날은 나를 좀 챙긴 것 같다. 무관심하게 흘러가는 데로 내버려 두지 않고 나에게 예의를 차린 것 같아, 내 할 바를 한 것 같아 스스로 당당하다. 삶의 현실이 다르다고 뜬구름같은 소리라 치부하지 말고 무엇이 되었든 나를 챙길 수 있는 한 가지는 매일 행하길 바란다. 무얼 할지 고민 중이라면 일단 핸드폰을 열어 캘린더의 한 줄 다이어리 쓰기부터 시작해 보면 어떨까.

5.

나만의 책 고르는 방법

　240만 구독자를 가진 여행 유튜버 빠니보틀이 가장 많이 받는 질문이 있다고 한다. "좋은 여행지 추천해 주세요." 동시에 그 질문이 가장 황당하고 어이없단다. 이유인즉슨 자기가 가고 싶은 곳이 어떤 곳인지도 모르면서 여행을 왜 가냐고 반문한다. 본인도 모르는데 남이 어떻게 아느냐고. 그럴 거라면 굳이 여행을 가지 않아도 된다고. 남들도 가니까 어디든 나도 가야겠다는 생각을 버리라고 한다. 우리는 알고 있다. 여행사에서 알아서 해 주는 패키지여행보다 직접 고민하고 결정한 자유여행의 기억이 더 오래 남는다는 것을.

　"좋은 책 추천해 주세요."라는 질문을 종종 받는다. 책을 좋아하긴 하지만 독서량이 그렇게 많지 않을뿐더러 초면인 사람이 그런 질문을 하면 나는 다시 질문을 던진다.

"요즘 어떤 것에 관심이 많으세요?"

질문하는 사람의 생각과 환경, 처한 문제를 모르는 상황에서의 책 추천은 묻는 사람이나 답하는 사람 서로에게 에너지 낭비이다.

가장 좋은 책은 내가 고른 책

그럼에도 블로그에 책 소개를 하고 있다. 다른 사람들에게 좋은 책을 전하고 싶은 마음에서 시작하긴 했으나 크게 효과가 없을 거라는 것도 잘 알고 있다. 내가 추천한 책을 읽고 도움을 받는다면 더할 나위 없겠지만 사실은 기록의 목적이 크다. 책 선정의 첫 번째 기준은 내가 재미있게 읽은 책이다. 유행한 베스트셀러 책은 거의 없다. 그로 인한 단점은 주제가 한쪽으로 치우친다는 점이다. 편협성을 피하고자 출판사에서 추천하는 협찬 도서 중 생소한 주제 분야를 리뷰할 때도 있다. 분명 제목을 보고 직접 선택했음에도 불구하고 울림을 주는 책은 없었다. 추천받거나 쉽게 얻어진 책은 마음에 새겨지지 않는다. 좋은 책은 어떤 책이냐고 물어본다면, 단연코 정성 들여 직접 고른 책이다.

행정복지센터에 서류를 떼러 갔다. 순서를 기다리는 틈에 한쪽 벽면에 가득한 책 중 『부자의 그릇』이란 책을 보게 되었다. 40대 초반 한참 돈에 관심이 많을 때라 바로 눈에 띄었다. 직원의 호출을 기다리는 동안 다 읽지 못한 분량이 있어 대출해 왔다. 동화 형식으로 쓴 책으로 스테디셀러에 유명 기업인들의 추천 글이 많아 한껏 기대했지만, 생각보다 별로였고 약간 유치하기까지 했다. 재미없는 책은 굳이 읽지 않는 습관 때문에 대충 읽고 다음 날 반납했다.

4년이 흐른 후 우연히 이 책을 다시 읽게 되었다. 초등학생도 읽을 수 있는 쉬운 표현을 쓰면서도 내면의 깊이는 보통의 어른들도 이해할 수 없을 만큼 깊었다. 그제야 책에서 말하는 돈에 대한 묵직하고 깊은 통찰을 조금 이해할 수 있었다. 유치하다고 느낀 지난날의 나는 생각의 그릇이 종지만도 못했었던 것 같다.

책과 내가 만나야 할 때

책을 읽는다는 것은 활자에 눈이 가는 것을 넘어 저자가 함께 오는 것이다. 그의 생각이 어떠하며 문제를 어떻게 풀어나갔는지 눈으로 읽고 귀로 들으며 마음으로 교감해 가는 과정이다. 재미있을 것 같아 사 온 책인데 막상 읽어 보니 별로여서 그대로 책꽂이에 꽂힐 때가 있다. 아무리 좋은 책일지라도 그때 받아들이지 못할 상황이라면 겉만 훑게 된다. 글자를 따라 눈만 쫓아갔지, 내용이 기억나지 않는다. 앞으로 돌아가 반복해서 다시 읽어도 상황은 마찬가지다. 그렇게 책장에 오랫동안 꽂힌 책이 어느 날 어느 순간 스펀지처럼 흡수될 때가 있다. 비로소 책과 내가 만나야 할 '때' 가 온 것이다. 지금 안 읽힌다고 나와 맞지 않는다고 섣불리 단정 지을 필요는 없다. 〈지금은 맞고 그때는 틀리다〉라는 영화 제목처럼 그때 왜 그런 책을 골랐는지 회상해 보면 그때의 나도, 지금의 나도 충분히 이해된다.

책을 고를 때는 TV 채널 돌리듯 가볍게

여행지를 선택할 때 내 취향을 살피듯 책을 고를 때도 지금의 내 마음을 살펴보면 쉽다. 나만큼 내 마음을 잘 아는 사람은 없다. 검색해 보고 도서관에 가서 들쳐 보고 직접 선택해야 비로소 글이 읽힌다. 저자의 메시지가 들린다. 책이 너무 많아서 고르기 힘들다면 목차와 책의 일부를 그냥 넘겨 보면 된다. 가장 재미있는 TV 프로그램을 선택하기 위해 덜 재미있는 프로그램을 대충 보고 넘기듯이 말이다.

내 취향에 딱 맞는 책을 골라 읽으면 1시간이 10분처럼 지나갈 것이다. 주제나 수준을 따질 필요는 없다. 대충 보고 넘긴 책 중 지금은 스쳐 지나가지만, 다음에 꼭 읽어봐야겠다 싶은 책은 목록을 따로 만들어 두고 여유가 생길 때 다시 찾아 읽는다. 그런 목록이 쌓이면 책을 고른다고 고민할 시간을 줄일 수 있다. 독서 취향이 생기는 것이다. 물론 잡식이어도 전혀 문제는 없다. 내 입에 꼭 맞는 책을 만날 때까지 고르고 고르는 수고로움을 즐겁게 받아들인다면 분명 삶에 또 다른 재미가 생길 것이다.

6

포스트잇에 하나둘 담은 다짐

집안의 이정표, 가훈

학창 시절 집에 들어서면 눈에 잘 띄는 거실 벽면 한쪽에 가훈이 붙어 있었다.

'정직, 성실, 노력'

초등학교 때 가훈을 정해오라는 학교 과제를 계기로 엄마가 만들었던 것 같다. 그 당시 교과서에 등장하는 '철수'나 '영희'처럼 가훈계에서의 가장 흔한 단어의 조합이지 않을까 싶다. 수많은 그럴듯한 단어 사이에서 엄마는 이 세 단어를 심사숙고해서 선택했을 것이다. 40대 중반의 어른이 이제 갓 열 살을 넘긴 초등학생에게 단어의 의미를 설명해 주던 진지한 눈빛이 아직도 생생하다.

엄마는 배움이 짧은 신체 노동자였지만 누구의 도움 없이 대기업에 취업하기까지의 피, 땀, 눈물에 대해 자식에게 전해 주고 싶은 말이 많았을 것으로 추정한다. 너무 익숙한 단어라 담고 있는 가치만큼 와 닿지 않지만, 군더더기 전혀 없는 '정직, 성실, 노력'이라는 세 단어에 실린 엄마의 진한 메시지를 어렴풋이 알 것 같다. 스무 살이 된 나의 아들에게 50년 가까이 살아 보니 이렇더라, 고 판단되는 것들에 대해 전해 주고 싶은 말이 있듯 그런 비슷한 마음이지 않을까.

글쓰기의 이정표

첫 책을 쓸 때 안방 욕실 앞 화장대를 책상 삼았었다. 책을 쓰는 과정에서 새로 익혀야 할 것들이 얼마나 많은지. 별 모양 포스트잇에 기억해야 할 문장을 간단히 적어 화장대 거울에 붙였다. 글을 써 본 경험이 없다 보니 A4 용지의 반쯤 끄적이다 보면 원래 의도하던 목적은 어디로 사라지고 내용은 산으로 가곤 했다. 거울 앞 포스트잇에 새긴 당부들은 처음 쓰는 글들이 영영 돌아오지 못할 길로 빠지지 않기 위한 이정표가 된 문장들이었다. 내용은 주로 이렇다.

<명심할 것>

개인적 경험이지만 보편적 상황으로 확장할 수 있는 글

잘난 척 철학하지 말고 글쓰기를 해

내 글을 보고 자신을 되돌아볼 수 있는 글

자신을 먼저 위로할 수 있는 글이어야 타인도 위로할 수 있다

정답인 양 주장하지 말 것

겸손할 것

<퇴고 시 삭제할 부분>

잘난 척이 될 만한 글

과시하는 글

경험이나 고백에서 얻어 낼 지혜와 공감의 지점이 없는 글

지금 다시 보니 '정직, 성실, 노력'처럼 특별한 것 없는 흔한 말들이다. 의미 또한 익숙해져서 조금씩 퇴색되어 간다.

이정표의 변화

10년이 넘어가는 아파트 화장실을 큰마음 먹고 리모델링했다. 세면대며 거울이며, 심지어 화장실 출입문 시트지까지 새것으로 바꾸어 가던 중 화장대 거울 앞에 덕지덕지 붙어 있는 색바랜 별 모양 포스트잇이 눈에 거슬린다. 주변의 새것들과 비교해 상대적으로 지저분해 보여 깨끗하게 모조

리 떼어 낼까 하다가 열정적이었던 그때의 감정이 버려지는 것 같아 지저 분한 채로 두기로 했다.

여전히 화장실을 들락거리며 이젠 별 감흥도 없는 문구들에 자연스레 눈이 간다. 읽을 수밖에 없는 위치에 있어 더 그렇다. 그 문구들은 글을 쓸 때 엉뚱한 곳으로 가는 것도 막아 주고 교만하게 나를 내세우진 않았는지 체크해 준 글들이다. 이왕 이렇게 된 거, 이 책을 쓰는 동안에는 노란색 하트모양의 포스트잇을 붙여 보련다. 글쓰기의 이정표가 될 문장 또한 예전과 달라질 것이다. 다음 책을 쓸 때는 조금 더 겸손하게 잘 쓸 것이라는 기대도 하면서.

<명심할 것>
독자를 전제하지 않는 글쓰기는 형용모순이에요. 그런 점에서 글쓰기는 그 자
체로 네트워크라고 할 수 있죠. - 고미숙

독자의 고통을 해결하는 글, 어떤 고통 해결을 위해 이 글을 읽고 있는가.
글쓰기는 몸에 새겨지는 성취의 감각. - 김혼비

글이 품어야 할 요소 : 일상, 섬세, 구체, 유머, 장문, 철학(의미)
의미보다 공감, 공감은 구체적인 사례에서 나온다.
사소하지만 시시하지 않게.

내가 읽고 싶은 걸 쓰면 된다.
내가 읽어서 재미없다면 쓰는 것 자체가 헛된 일이다. - 다나카 히로노부

7.

퇴고,

다듬을수록 예뻐지는 마술

어느새 주름

엘리베이터를 타면 늘 거울을 본다. 머리와 옷매무새를 만지고 미처 바르지 못한 립스틱으로 화장을 마무리한다. 한날은 동네 마트에 가려고 세수만 겨우 한 상태에서 거울에 비친 '쌩얼'을 보고 흠칫 놀랐다. 나도 모르는 사이 눈가의 얇고 잔잔한 주름이 한가득 자리 잡은 것이다. 왼쪽 눈 아래는 회색빛 기미까지 소복한 살림을 차렸다. 그렇다. 나는 40대 끝을 달려가는, 어느덧 살아갈 날보다 살아온 날이 더 많은 오래된 사람이었다. 내가 60이 되고 70이 되는 것을 도저히 상상할 수가 없다. 여전히 미혼의 스물일곱, 가장 활기차고 빛나는 순간에 멈춰있다. 나이는 들어도 마음은 청춘이라더니 어른들의 말씀이 틀린 게 하나 없다.

탱탱하던 피부가 어느새 이렇게까지 쭈글쭈글해졌는지 어처구니없지만 이대로 두고 볼 수는 없다. 처진 눈꺼풀을 어떻게 해야 할지 입가의 팔자 주름은 이대로 괜찮을지 눈가 주름으로 시작된 세월의 흔적은 얼굴 전체와 목에까지 시선이 이어졌다. 처음으로 미용을 위해 주삿바늘을 대는 사람들의 마음이 보이기 시작했다. 그렇다고 당장 병원으로 달려갈 용기는 없으니 지금 할 수 있는 최선은 선크림을 더 꼼꼼히 바르는 것. 커버력 강한 팩트를 구입하여 기미를 자연스럽게 숨기는 것이다. 올리브영으로 달려가 팩트를 사고 기미가 있는 부분에 덧칠했다. 그것 때문인지는 몰라도 다음 날 운동센터 코치가 "오늘따라 피부가 엄청 좋네요." 한다. 확실히 신경을 썼더니 효과가 있나 보다.

다듬어 볼까

예뻐 보이기 위해 화장을 꼭 해야 하는 건 아니지만 어떤 방법으로든 외모를 깨끗하게 정돈하는 것은 자신도 기분이 좋을 뿐 아니라 상대에 대한 배려이기도 하다. 우리는 외면을 다듬기 위해 매일 거울을 본다. 그렇다면 눈에 보이지 않는 마음속 주름은 어떻게 다듬을 수 있을까? 거울을 통해 외면의 부족한 점을 가꿨다면 글쓰기를 거울삼아 내면을 비추고 확인하는 것은 상당히 효과적인 방법이다. 얼굴에 팩트를 바르듯 자신도 몰랐을 마음의 흉터에 '톡톡' 두드려 치료하는 것. 그게 습관이 되고 능숙해지면 내·외면이 안정적이고 여유로울 수 있다. 균형 잡힌 인간이 되는 것이다. 물론 쉽지 않지만.

좀 신경 써서 꾸미면 이뻐 보인다. 나도 좋고, 보는 이도 좋다. 잘 읽히기 위해 잘 전달하기 위해 다듬고 꾸미는 것. 쓰는 사람도 만족스럽고 읽는 사람도 편하다. 그렇다고 너무 과하게 꾸미면 내가 아닌 사람이 된다. 남의 옷을 입고 있으면 나 자신이 가장 불편하다. 미우나 고우나 나는 '나'다. 유일하고 고유하다. 탄력이 저하되고 근육이 늘어났다 한들 젊어지고 싶고 탱탱한 피부를 갖고 싶다 한들 본연의 모습을 버리면서까지 탈바꿈할 필요는 없다. 과대포장은 실망이 뒤따른다. 그래서 민낯을 정확히 바라볼 필요가 있다.

민낯과 초고

초고는 민낯과 같다. 꾸미지 않은 그대로의 모습을 마주하는 것이라 직면하기가 상당히 불편하다. 그래도 일단은 모두 꺼내놓아야 진짜 나를 맞대할 수 있다. 내가 꺼내놓았던 민낯은 주로 이런 것들이다.

'잘나가는 상대를 보면 샘이 나서 미칠 것 같은 시기심', '무시하는 것 같아 화가 머리끝까지 오르는 분노', '내 말이 정답이라 생각하는 이기심', '누구보다 내가 탁월하다는 자만', '아무짝에도 쓸모없는 인간이 되어 버린 어느 날의 우울함', '아무것도 하기 싫은 무력감'

서랍 깊숙한 곳의 잡동사니처럼 지저분한 채로 둘 것이 아니라면 모조리 꺼내 글로 마음을 정리한다. 나에게도 남에게도 상처 주지 않으려고 이

날카로운 무형의 에너지 덩어리를 부드럽게 다듬는다. 마음속 소용돌이를 한편의 글로 표출했다면 보여 줄 누군가가 없어도 상관없다. 내가 가장 뿌듯하지 않은가. 쓰는 행위만으로 이미 치유는 시작된다. 여기에 욕심을 부려 좀 더 예쁘게 꾸미려면 거쳐야 하는 과정이 있다. 반복되는 단어는 빼고 문단의 위치를 이리저리 바꿔 보면서 가장 어울리는 모습으로 복잡함을 단순하게 만든다. 이런 과정을 퇴고라고 한다. 초고를 퇴고하는 과정은 지겹고 힘들고 오래 걸린다. 그러나 그 과정을 거쳐야만 숨어 있던 반듯하고 예쁜 마음이 눈앞에 드러난다. 그렇게 개운할 수가 없다.

눈가 주름살이 짙어질수록 삶에서 '균형'의 중요성을 느낀다. 하나를 얻으면 그만큼 다른 하나는 잃는 것이 자연의 섭리이다. 눈에 보이는 외면도, 보이지 않는 내면도 어느 것 하나 소홀할 수 없다. 할 수 있는 만큼 가꾸며 채워 가는 것이 삶의 보람이되 나를 잃지 않고 곧게 나아가는 방법이 아닐까 싶다. 그래서 나는 손에 힘이 남아 있을 때까지 얼굴에 팩트를 두드리고 생각을 글로 써서 다듬고 또 다듬을 것이다.

8

진정한 노력은
자신을 감동시키는 것

나는 만성 노력 중독자였다

참 열심히 살았다. 유튜브 영상으로 매일 아침 긍정의 자기암시를 한다. 할 일을 투두 리스트에 적고 그것도 모자라 다이어리의 타임 스케줄러에 더 세분하여 기록한다. 시간은 돈이라며 1분도 허투루 쓰지 않기 위해 체크 또 체크한다. 그러다 정기적으로 찾아오는 지침에 마음이 힘들고 흔들릴 때면 마음공부까지 빼놓지 않는다. 오프라인에서도 게으를 수 없다. 재테크 스터디그룹에 정기적으로 참여하고 독서 모임에 가입해 책 읽기도 게을리하지 않는다. 생산성 없는 하루는 용납하지 않으려 했다.

그러면서도 항상 부족하고 모자란 느낌을 안고 살았다. 식사 후 잠깐 쉰다는 핑계로 침대에 누웠다 낮잠이라도 잔 날이면 루저가 된 것 같았다. 일정대로 소화하지 못하는 나 자신을 꾸준히 괴롭혔다. 그런데 참 이상하다. 열심히 하면 할수록 투두 리스트에 성공 체크를 하지 못하는 경우가 반복된다. 이유가 무엇일까? 도리어 실행하지 못했던 일들을 확인하고 실망하는 행위를 매일 반복하고 있는 건 아닐까? 성장하려고 하지만 후퇴하고 있는 건 아닐까? 이런 만성 노력 중독자가 분명 나뿐만은 아닐 것이다.

자신을 감동시키는 방법

열심히 산다는 건 어떤 것일까? 기준이 있을까? 열심히 사는데도 왜 마음 한구석이 무거울까? SNS의 유명 독서전문가는 구독자를 위해 새벽 독서 후 매일 감동문장을 올리는 성실함을 보여 준다. 그 문구를 보며 즐기기는커녕 왜 저들처럼 부지런하지 못하고 끈기가 없는 건지 자책한다. 마음의 여유가 없는 것이다. 급기야 SNS의 접속을 끊었다. 그러던 중 느닷없이 눈에 들어온 문구, 소설가 조정래의 말이다.

"최선을 다했다는 말을 함부로 쓰지 마라, 최선이란 자기의 노력이 스스로를 감동하게 할 때 비로소 쓸 수 있는 말이다. 자신을 감동시키는 게 진정한 노력이다." 노력조차도 누군가와 비교했던 나는 이때부터 '내가 감동했는가?'에 초점을 맞추었다. 빡빡한 스케줄러에서도 벗어났다. 다이어리를 쓰지 않는 날도 많다. 타임 스케줄러에 기록하지 않아도 불안하지 않다, 투두 리스트에 체크하는 것 대신 내가 감동했으면 그만인 것이다.

그렇다면 매일 감동적인 날들을 보내고 있느냐? 당연히 그렇지 않다. 그렇지만 나름의 기준은 있다. 하루에 할 수 있는 만큼만 또 하고 싶은 만큼만 계획을 세우는 것이다. 성과 유무는 두 번째다. 굳이 아침 긍정 영상을 보지 않아도 마음이 무겁지 않다. 축구선수 손흥민의 아버지 손웅정님 역시 노력에 대해 이렇게 말했다.

"아무도 안 본다고요? 제 안에 있는 제가 다 보고 있잖아요. 제 안에 있는 제가 다 듣고 있잖아요."

— 손웅정, 「나는 읽고 쓰고 버린다」

결과보다 과정

스스로 감동한다는 것은 무슨 뜻일까? 나는 어떤 상황에서 누구에게 감동하고 마음이 움직였던가를 생각해 봤다. 감동은 마음을 움직이는 것이다. 훌륭한 사람이 자신의 성과를 얘기할 때 대단하다 싶지만 잘난 척하거나 겸손이 없다면 마음까지 움직이지는 않는다. 대신, 자신의 뛰어난 성과에도 불구하고 상대의 말을 잘 듣고 대화하려는 사람에게 마음이 간다. 서로 질문을 주고받으며 존중하고 들어 주는 관계 속에서 큰 변화가 온다. 그 사람의 성과보다 그 사람 뒤의 노력, 애씀, 에너지에 감동한다.

나와 대화하기 좋은 방법은 글쓰기만 한 것이 없다. 나를 이해하고 성장하는 데는 책 쓰기만 한 것이 없다. 책 쓰기를 권했을 때 "아직은 준비가 안 된 것 같아요.", "독서를 충분히 하고 난 뒤에 글을 써야겠어요.", "좀 더 괄목할 만한 성과를 낸 다음에 글을 쓸 거예요."라고 말하는 사람 중 글 쓰기를 꾸준히 하는 사람은 단 한 사람도 없었다.

"글을 한 번도 써 본 적 없지만 당장 시작할게요."라고 답하는 사람은 글 을 잘 못 쓰더라도 대부분 책을 출판했다. 평소에 자신에게 질문하고 깊이 대화를 나눈 사람들이다. 글은 준비하고 나서 쓰는 것이 아니다. 지금의 나와 이야기를 나누는 과정이고 글로 표현된 결과물일 뿐이다.

이렇게 생각한다. 성과가 좋든 그렇지 않던 자신에게 관심을 가지고 질 문하고 답하면서 액션 플랜을 설계하고 실행하기 위해 에너지를 쏟는 것 이 스스로 감동하는 삶이지 않을까?『내 인생 5년 후』의 저자 하우석은 인 생 목적지 선택을 위한 8가지 질문을 던지며 구체적으로 답해 보라고 한 다. 누군가는 저렇게까지 하는데 나도 따라 해야겠다는 생각으로 기준을 세우는 것이 아니라, 나에게 물어보고 그 답으로 살아가면 좋겠다는 말을 하고 싶다. 게으름 피운 나도 그런 사정이 있었을 테니 받아들이고 그럼에 도 열심히 한 나를 칭찬해 주자. 그 누구도 아닌 내가 지켜보고 있었으니 까, 어쨌든 점점 나아지고 있지 않은가.

김원주 작가가 전하는 글쓰기로 성장하는 비결

❀ 책을 읽고 후기를 기록해 보자. 지금 당장 할 수 있고 가장 쉽게 생각을 정리하고 표현할 수 있는 방법이다. 읽고 쓰기가 자연스럽게 연결된다.

❀ 어떤 책을 읽어야 하는가?
남이 추천해 준 책보다 내 마음이 끌리는 책을 읽는다. 책 읽기보다 마음 읽기가 항상 우선되어야 한다.(참고: 2장 5. 「나만의 책 고르는 방법」)

❀ 글은 어떻게 다듬어야 하는가?
① 일단 쓰기. 엉망인 것이 지극히 정상이다.
② 적어도 10번은 읽어 보기. 아마 10번 이상 수정해야 할 것이다.
③ 내 글이지만 스스로 감동했다면 성공!
(참고: 2장 7. 「퇴고, 다듬을수록 예뻐지는 마술」)

❀ 어디에 쓸 것인가?
블로그나 온라인 서점의 독서 후기 등 노출할 수 있는 공간을 추천한다. 혼자만의 글과 보여지는 글은 마음 자세부터가 다르기 때문에 공을 들일 수밖에 없다.

내 글이 노출되는 것이 영 어색하다면 개인 노트에 쓰기부터 시작하는 것도 나쁘지 않다. 그렇지만 언젠가는 세상에 내놓겠다는 생각을 잊지 않길 바란다.

글을 쓰는 시간은 오로지 내가 주인공이 되는 시간이다. 내 생각을 끄집어내고 내 손으로 표출해야 하기 때문이다. 나를 아끼고 배려하지 않으면 절대 안 되는 일이다. 아울러 배움을 멈추지 않고 세대와 공감할 수 있는 유일한 방법이라 생각한다.

제3장

그림책 작가의 글쓰기, 치유와 성장의 힘

안세정

1.

고난과 역경을 이겨 낼
힘을 얻다

나의 숨통, 글쓰기

어릴 때부터 지금까지 글쓰기는 나에게 '은신처'였다. 가난했던 어린 시절, 난 한글을 떼지 못한 채로 초등학교에 들어갔다. 당시에 우리 반에서 글씨를 모르는 사람은 나 하나뿐이었다. 선생님은 그런 나를 매일 일으켜서 초록색 칠판 위 하얀 글씨들을 읽게 했다. 고작 여덟 살이었으나 매일 혼자 일어나 한글을 읽어야 해서 무척이나 곤혹스럽고 힘들었다. 지금도 당시의 수치스러움과 모멸감이 생생히 떠오른다. 심지어 어느 날 내가 용케도 칠판에 글씨를 모두 읽어 냈을 때 선생님이 너무나 기뻐하시며 비밀 캐비닛을 열어 파란 공책을 꺼내 선물로 안겨 주었을 때조차도 나는 같은 감정을 느끼고 있었다.

매일 알림장을 쓰지 못하니 숙제를 할 수도 없었다. 그렇게 끙끙 앓으면서도 부모님께 말할 수 없었다. 봉제공장에서 새벽부터 일하는 아빠와 건물 청소, 가사도우미, 공장의 시다 등 너무나 바쁘게 열심히 사는 엄마에게 글씨를 몰라 힘들다는 얘기를 차마 할 수 없었다. 어린 내 눈에도 부모님의 삶은 너무나 고되고 힘들어 보였기 때문이다. 그리고 초등학교 3학년쯤 되었을 때 어느 정도 글을 알게 되었다. 그때부터 학교에서 내주는 일기 숙제만큼은 성실히 해 나가기 시작했다.

선생님이 내 일기를 읽고 달아 주시는 답글이 좋았다. 매일 같은 날들이었지만 그러는 중에도 어제와 다른 나의 감정이나 새로운 관찰, 소소한 사건 등을 쓰며 지하 단칸방에서의 눅눅한 삶을 스스로 위로하며 버텼다. 그렇게 꾸준히 매일 매일 일기 쓰기를 놓지 않았다. 그 일기 덕분에 5학년 때 처음으로 상장을 받았다. 당시 특출나게 잘하는 것이 없는 나에게 선생님이 꾸준히 일기를 잘 쓰는 내 모습을 칭찬해 주고 싶었던 것 같다. 그 후로도 나는 늘 일기를 썼다.

나를 버티게 해 준 유일한 도구

언제나 혼자였던 나는 어둡고 습한 방 한구석 책상에 우두커니 앉아 살아갈 이유, 그럼에도 감사하며 버틸 힘을 일기를 통해 찾고 또 찾으며 버티고 있었다. 늦은 밤 적막함 속에서 할 일이 없어 멍하니 있을 때도 너무 외로워 라디오를 켜고 타인의 이야기와 유행하는 노래를 들을 때에도 언제나 내 앞에는 일기장이 놓여 있었다. 언제쯤 떨칠지 모를 가난과 늘 열등생이고 못난이 같은 내 모습, 암울한 일상을 글로 모두 토해 내고 그래도 괜찮다, 괜찮다를 셀 수 없이 써 내려가면서 이 정도면 행복한 거란 말을 수도 없이 되뇌며 살았다.

이렇듯 나에게 글쓰기는 잊고 싶은 현실을 피할 수 있게 해 준 은신처였다. 그곳에서 나는 내 마음을 한껏 열어 보이고 쏟아 낼 수 있었고 다시 살아갈 힘을 끌어낼 수 있었다. 지금도 글쓰기는 나에게 '안식'과 '도약'이라는 두 가지 선물을 내포하고 있다. 힘들고 어려울 때마다 왜 이런 감정과 생각 속에서 어둠의 늪을 걷고 있는지 무작정 의식의 흐름대로 글을 쓰면서 나를 진단하고 앞으로 나아가야 할 길을 더듬어 본다. 신기하게도 그렇게 글로 쏟아 내다 보면 복잡했던 마음과 생각이 정리된다. 가만히 서 있기도 힘들었다가 '이 고난과 고통이 분명 나에게 새로운 메시지와 의미를 주고 있는 걸 거야!'라는 확신으로 버틸 힘이 생긴다.

아마 그래서 나는 죽는 날까지 글을 쓰게 될 것 같다. 90세에 시인이 되어 거의 100세가 된 후에 온 세상에 알려진 일본의 할머니 시인 시바타 도요처럼 늙고 병든 몸일지라도 언제나 머리맡에 연필과 노트를 두고 내일을 기대하는 삶을 사는 작가로 살고 싶다.

약해지지 마

시바타 도요

있잖아, 불행하다고

한숨짓지 마

햇살과 산들바람은

한쪽 편만 들지 않아

꿈은

평등하게 꿀 수 있는 거야

나도 괴로운 일

많았지만

살아 있어 좋았어

너도 약해지지 마

2.

살아갈 숨구멍이 되어 준
글쓰기

나는 항상 글쓰기에 대한 목마름을 갖고 살아간다. 삶을 관찰하고 기록하고 무엇보다 지금 나에게 가장 필요한 것이 무엇인지 점검하며 나아가는 일을 좋아한다. 그럴 때 좋은 글귀를 보거나 강의를 듣거나 산책을 하기도 하지만 남는 건 역시 '글쓰기'다. 지난 2022년에도 3개월 정도 남겨놓고 혼자 100일 글쓰기를 했다. 그리고 아래 글은 2022년 마지막 날 쓴 글이다.

100일 글쓰기를 끝내던 날

2022년의 마지막 날이다. 스스로 목표한 '100일 글쓰기'의 끝 날이다. 무언가를 끝까지 하겠다고 마음먹고 그것을 어떠한 상황 속에서도 흔들리지 않고 꾸준히 해나가는 일. 쉽지 않지만 그 모든 과정을 잘 이겨 내고 오늘까지 이른 나 자신이 자랑스럽다.

대단한 글을 쓰는 것도 아니고 그저 '쓰기'일 따름인 기록에 불과하지만, 과정 안에서의 깨달음과 의미는 충분했다. 어떤 날은 쓸 말이 없어서 멍하니 앉아 있기도 했고 글감을 찾기 위해 이 책 저 책을 들추거나 누군가의 이야기나 표정을 주의 깊게 듣고 보면서 오늘의 '쓸 거리'들을 길어 올리려 애썼다.

그러니까 지난 100일은 나에게 오히려 '글쓰기' 덕분에 더 멈추고 과정을 살필 수 있었던 깊은 통찰의 시간이었다. '무언가를 꾸준히 한다는 것'의 의미는 무엇일까, 내가 소중히 여기는 건 어떤 것일까, 나는 왜 남들보다 더 이러한 것들에 민감한 것인가, 왜 나는 그들보다 둔감한 것인가 등의 사유를 더 많이 할 수 있었다.

"딸아, 새해 복 많이 받아라. 아빠 치아 치료 다닌다고 고생이 많았다. 아빠가 우리 딸 너무 사랑한다."
한 해의 끝이라고 요양병원에 계신 아빠에게 전화가 왔다. 3년 전 교통사고로 배우자(나의 엄마)를 잃은 아빠는 자신을 스스로 온전히 가누지 못하는 일상의 시간을 2년 이상 보내다가 결국엔 큰이모의 며느리가 사회복지사로 일하던 지금의 요양병원에 안착하셨다.

아버지를 볼 때마다 맘이 찢어질 듯 아프다. 내가 미처 알지 못할 아빠의 마음, 일상, 아빠의 기도. 엄마가 돌아가신 후에 부모님이 우리에게 남겨준 것들이 무엇인지 점점 더 선명하게 보인다. 반지하에 쥐들이 득실거리던 집에서 당장 떠날 수 없을 만큼 무척이나 가난하고 결핍된 시절. 그 와중에서도 엄마, 아빠는 늘 우리에게 몸과 마음이 향해 있었다.

"기억나? 우리 어릴 때 엄마, 아빠 일하는 봉제공장 앞에서 기다렸다가 같이 치킨 사 먹었던 거! 그리고 아빠가 우리 자전거 가르쳐준다고 쉬는 날인데 여의도 광장에 가서 놀아줬잖아…. 그때 아빠 덕분에 처음으로 자전거를 배웠는데 내가 아무리 넘어지고 넘어져도 끝까지 잡아 주고 기다려 준 아빠 모습이 아직도 생생해."

"맞아, 기억난다. 진짜 그랬네."

"한창 노래방 유행일 때도 엄마, 아빠가 일 끝나고 우리 노래방 데려가 주고 언젠가 아빠가 우리 가족회의 하자면서 그 작은 쪽방에 빙 둘러앉아 내가 노트에 기록하고 같이 얘기 나눴던 것도…."

"맞아, 그러고 보면 우리 엄마, 아빠가 배운 게 없었어도 참 지혜로웠어."

얼마 전 남동생과 아버지 치과 진료받으러 갔다가 둘이 집으로 돌아오는 길에 내가 부모님의 추억 이야기를 꺼내면서 함께 나눈 대화였다. 늘 없이 자라며 못 받은 것만 기억했는데 그러한 삶 속에서도 한없이 받았던 부모님의 사랑을 기억의 조각들을 맞추며 느낄 수 있었다.

"누나, 우리 애들 어떻게 자랄지 기대되지 않아?"

"맞아! 정말 기대되지!"

엄마, 아빠는 우리에게 한 번도 부정적인 이야기를 한 적이 없었다. 가난 속에서도 "돈이 없어서 힘들다!"거나 "돈이 최고다!"라는 말씀을 한 적이 단 한 번도 없다. "나는 너를 믿는다.", "넌 뭐든 할 수 있을 거야!", "절대 돈이 전부가 아니니까 기도하면서 해 나가라!"는 말씀들이 전부였다.

그런 말들이 우리 안에 담기고 담겨 누군가는 다가올 미래를 어둡고 암울하게 그리며 자녀들에게 전파하기도 하지만, 우리 남매는 오히려 '기대'하며 '설레는 마음'을 품을 수 있는 사람이 되었다.

"몰랐는데 말이야. 우리가 가난하긴 했어도 부모님께 받은 게 너무 많아. 그 정신적 유산을 받을 수 있었다는 게 너무 감사한 것 같아." 동생과 이런 대화를 나누며 흡족한 맘을 안고, 집으로 돌아왔다.

2022년의 마지막 날, 엄마의 목소리가 귓가에 들리는 듯하다.

"우리 공주님, 엄마가 많이 사랑해. 세 아이 키우고 네 일하느라 많이 힘들지? 엄마가 못 도와주고 일찍 와서 미안해. 항상 네 곁에서 보고 있으니까 힘내! 사랑한다, 내 딸."

살아갈 숨구멍이 되어 주다

이날 이 글을 쓰면서 많이 울었던 기억이 난다. 갑작스레 엄마를 잃은 아픔이 아물기도 전에, 홀로 남겨진 아빠를 챙겨야 하는 하루하루가 너무나 버겁고 힘든 나날이었다. 아직 어린 세 아이를 건사하며 소파에 누워만 계신 아버지를 일으켜 끼니를 들게 했다. 감정의 찌꺼기를 나에게 쏟아 낼 때 아버지의 힘듦이 얼마나 클지 가늠할 수 없어 마음이 아프면서도 이해하고 견디는 게 쉽지 않았다. 그때마다 나를 버티게 한 게 '글쓰기'였다. 아침마다 창으로 들어오는 햇살을 볼 때마다 '오늘은 또 어떻게 살아야 할까?' 하며 겨우 몸을 일으켰던 날들. 그때마다 내가 살아 낼 방법은 눈을 뜨자마자 그저 볼펜 한 자루를 들고 노트에 모닝페이지를 쓰는 것이 전부였다.

누구에게도 하지 못하는 말들을 적고 그래도 어떻게든 살아 내야 할 이유를 찾으려 몸부림쳤다. 밤마다 숨이 쉬어지지 않아 잠도 못 자고 울고 싶을 때, 목사님들의 설교 영상을 듣고 멍하니 있다가 여지없이 핸드폰을 열어 혼자만의 온라인 카페에 글을 쏟아 냈다. 그럼 아주 작은 숨구멍이 생기는 게 느껴졌다. 요즘도 자주 몸과 맘이 무겁고 힘들 때가 있다. 그러면 그런 마음과 감정이 어디서부터 왔는지 글을 쓰면서 살피고 내가 가진 것들과 감사한 것들을 찾아 나를 위로한다. 그렇게 글쓰기를 통해 어떻게든 나만의 길을 만들고 한 걸음씩 내디디며 버티다 보니 살게 되었다.

도저히 살 힘이 없는 누군가가 있다면 말해 주고 싶다.

"그냥 그 마음을 쓰기만 해 보세요. 그럼 희한하게 그 과정 안에서 버텨 낼 힘이 생겨날 거예요." 무엇보다 굳이 누구를 만날 필요도 없고 돈이 드는 것도 아니고 대단한 무언가가 필요하지도 않으니 이 얼마나 확실한 자가 치유 방법인가. 어린 시절 너무 가난했던 우리 집에서 늘 방치된 채 자라가던 나와 남동생에게 시간이 날 때마다 찾아와준 둘째 외삼촌이 "얘들아, 다른 건 아니라도 매일 일기를 쓰렴!"하고 당부했다. 그땐 이유를 몰랐는데 아무것도 해 줄 수 없었던 삼촌이 해 줄 수 있는 딱 하나의 조언이었다는 것을 세월이 흐를수록 절실히 깨닫게 된다. 고마워요, 삼촌.

3.

나에게 줄 수 있는
가장 큰 선물, 칭찬

칭찬으로 힘내보기

"나 칭찬받고 싶어! 오늘, 우리 서로 칭찬해 주기 하면 어때?"

한 달에 한 번 모이는 작가들의 창작모임. 3개월 동안 각자 그림책 한 권을 만들자는 포부로부터 시작된 우리 모임은 어느덧 각자의 그림책 한 권만들지 못한 채 느슨하고 끈질기게 8년째 이어지고 있다. 비록 그림책을 만들어 내지는 못했지만 작가로서 창작자로서의 행보는 창작모임 '쫌'이라는 이름을 기반으로 보이지 않는 에너지를 받아 쏠쏠찮게 각자 이뤄가고 있는 모습이다.

오랜만에 7명의 멤버가 모두 모인 어느 날이었다. 우울하니 '칭찬'으로 힘을 달라는 나의 말에 모두 하하하 웃으며 못 이기는 척 작은 엽서에 꼼꼼하게 칭찬을 써 주었다.

'인내, 용기, 도전이라는 단어가 더없이 어울리는 분! 매번 배울 점이 있는 분!'

'덕분에 오늘 이렇게 서로를 칭찬할 기회를 얻어 고마워요. 매번 새로운 용기와 도전을 제시하고 함께하고 웃게 해 주는 당신이 좋아요.'

'너의 목소리를 들으면 불안했던 마음은 평온을 찾아. 네가 아무리 건성으로 대답해도 너는 이미 따뜻해. 가끔은 너를 잃을까 두려울 만큼 너는 소중해.'

'반짝반짝 빛나는 눈, 강단 있는 눈매, 낭랑한 목소리, 항상 배려해 주는 손길, 아직 더 많은데.'

'누구나 감싸 안아 주는, 하지만 가식이 아닌 진심이 담겨 눈꼬리가 너무 사랑스러운 작가님.'

'당신은 호탕하게 웃으면서도 마음이 약해질 때 생각나는 따뜻한 사람이에요. 나도 우울할 때 챙겨줘요. 키키키.'

누가 뭐래도 'only one!'

살면서 누군가에게 "나 칭찬 좀 해 주면 안 돼?"라고 말해 본 적이 있었을까? 아니, 한 번도 없었다. 그래서 이렇게 "나 칭찬 좀 해 주라!"고 용기 있게 말한 내가 대견하면서도 그런 사람들이 내 곁에 있다는 사실이 고마웠다.

돌아보면 정말 많은 사랑을 받고 있는데… 자주 잊고 산다. 설사 누군가의 사랑을 받지 못한다 해도 그저 살아 숨 쉬고 삶을 영위할 수 있다는 그 자체의 소중함을 잊지 않아야 한다. 세상의 수많은 잣대나 기준에 나를 세워 놓으면 나라는 존재는 너무 미미하고 하찮아 보일 수밖에 없다. 보여지는 것을 중시하고 더 많은 것을 가져야 한다고 소리치는 세상 속에서 나는 나의 효용 가치를 증명하느라 몸과 마음이 피폐해진다.

그러나 그럴 때마다 하나님이 창조하신 'only one'인 나에게 집중한다. 이 지구상에 수많은 사람이 있고 훌륭한 이들이 넘쳐나지만 나는 세상에 딱 하나뿐인 고유한 존재라는 사실을 말이다. 나는 항상 이런 'only one!'의 자신감을 잃지 않으려 노력한다. 나보다 더 멋지고 훌륭한 사람들이 있겠지만 나는 나니까. 나라는 사람의 에너지, 나라는 사람의 느낌, 감정, 말투, 시선 등등 누군가가 흉내 낸다고 해도 흉내 낼 수 없는 나만의 것들이 있다고 생각하면 어디서든 당당할 수 있다. 그리고 그러한 에너지가 긍정의 기운으로 전파된다는 사실을 경험적으로 잘 알고 있다.

자신에게 줄 수 있는 가장 큰 선물

"휘은아, 우리 서로 장점 50가지 찾아 주기로 할까?"

최근 한 유튜브 강의에서 누군가에게 장점을 50가지 찾아서 선물하라는 이야기를 들은 적이 있다. 당장 해 보고 싶은 마음을 품고 있다가 어느 날

저녁 식탁에 앉아서 그림을 그리고 있는 열 살 막내딸에게 제안해 보았다. 50개를 쓰자고 하니 처음에 눈이 휘둥그레지더니 이내 연필을 꼭 쥐고 쓰기 시작했다. 그리고 한 30분쯤 지났을까? A4 용지를 반 접은 종이의 양쪽 면이 꽉 차게 나의 장점 50가지가 쓰여 있었다.

<엄마의 장점 50가지>

1. 글을 잘 쓴다.
2. 글씨가 예쁘다.
3. 말을 잘한다.
4. 그림을 잘 그린다.
5. 잘 가르친다.
6. 코가 예쁘다.
7. 안경이 잘 어울린다.
8. 요리를 잘한다.
9. 예쁜 말만 한다.
10. 노래를 잘 부른다.
11. 눈이 예쁘다.
12. 영어를 잘한다.
13. 중국어를 잘한다.
14. 얼굴이 재밌다.
15. 예쁘다.(?) 하하…
16. 책을 잘 읽어 준다.
17. 시계가 잘 어울린다.
18. 감성을 잘 안다.
19. 작가가 잘 어울린다.
20. 잘 먹는다.
21. 술을 안 마신다.
22. 담배를 안 피운다.
23. 착하다.
24. 기도를 잘한다.
25. 하나님을 잘 믿는다.
26. 책이랑 잘 어울린다.
27. 단어를 많이 안다.
28. 잠이 거의 없다.
29. 긴 머리가 잘 어울린다.
30. 이를 잘 닦는다.
31. 잘 챙겨준다.

32. 그림을 잘 그리는데 특히, 풍경을 잘 그린다.

33. 힘이 세다.

34. 옷을 잘 입는다.

35. 색칠을 잘한다.

36. 창의적이다.

37. 뭔가가 다 잘 먹는다.

38. 거짓말을 잘 안 한다.

39. 귀엽다.(맨날은 아님!)

40. 잘 놀아 준다.(가끔)

41. 채소를 잘 먹는다.

42. 화장을 잘한다.

43. 과일을 잘 깎는다.

44. 잘 외운다.

45. 게임을 잘한다.

46. 시계를 잘 다룬다.

47. 상상력이 좋다.

48. 강의를 잘한다.

49. 글을 엄청 엄청 많이 쓴다.

50. 나랑 좀 잘 맞는다.

아이가 써준 나의 장점 50가지를 읽는 내내 얼굴에서 웃음이 떠나지 않았다. 자세히 보면 이런 게 무슨 장점이야 싶은 것도 있고 같은 이야기가 반복된 것도 있다. 그래도 순수한 아이의 눈으로 나의 좋은 점을 꼼꼼하게 찾아 써주니 아이가 쓴 글이라 해도 그 힘이 적지 않았다.

나에게 들려주고 싶은 말

이렇듯, 누군가의 나를 향한 긍정적인 말은 나를 '인생'이라는 무대에 단단히 설 수 있게 해 주는 응원이 된다. 그렇다고 너무 '칭찬'이나 '인정'에 목말라 그것에만 연연해선 안 된다. 하지만 그래도 나의 노력이나 진심을 알아주는 이들의 격려와 응원은 내가 있는 자리에서 더욱 힘을 낼 수 있게 돕는 원동력이 되는 게 분명하다. 심지어 잠깐 흘러가는 말이 아니라 자세히 관찰하고 곰곰이 생각해서 써주는 글일 때는 더욱 강력하다.

혹자는 주변에 나를 칭찬해 줄 이가 아무도 없다고 볼멘소리할지 모른다. 그럴 때는 스스로 칭찬해 주면 된다. 타인의 칭찬도 좋지만 스스로 크고 작은 노력을 인정하고 바라봐 주면서 다독일 줄 안다면 어떠한 상황에서도 나는 나로서 당당한 주인공으로 살아갈 힘을 갖게 된다. 지금까지 살아온 나, 오늘을 살아가는 나, 미래를 살아갈 나를 조망하며 나 자신에게 들려주고 싶은 이야기를 글로 써 보자! 그럴수록 단단해지고 당당해지는, 내 삶에 진짜 주인공인 자신을 느끼게 될 것이다. 알고 보면 타인의 말보다 내가 나에게 해 주는 말이 가장 큰 힘이 된다. 나에게 쓰는 편지, 지금 당장 써 보면 어떨까?

4.

전업주부가

글쓰기 선생님이 되다

나는 언제나 목표를 세우고 꿈꾸기를 좋아하는 사람이다. 하지만 아이들을 낳고 나서 온종일 집에서 육아만 하며 겨우 먹고 자고 하는 생활 속에서 내 안에 열망과 꿈들은 사그라들기 시작했다. 그저 정체되는 사람이 되고 싶지 않다는 마음으로 친한 언니가 하는 글쓰기 프로젝트에 참여했다. 내가 앞으로 어떤 사람이 될 수 있을까? 대단한 스펙도 학력도 없는 내가 뭘 할 수 있을까? 막막하기만 하던 그 시절에 썼던 글을 얼마 전에 발견했다.

15일차) 자유-내가 미래에 하고 싶은 일_2012.08.18.

나의 장래 희망.

34살의 나이에 장래 희망이라니.

그냥 문득 내가 하고 싶은 일을 나열하고 싶어졌다. 난 도대체 무얼 하고 싶어서 애를 태우고 발을 동동거리면서 무언가를 하지 못해 그토록 맘이 무거운지.

나, 계속 글을 쓰고 싶다.
그래서 꾸준히 어느 곳에 칼럼을 쓰거나 책을 내보고 싶다.

나, 강의를 하고 싶다.
글을 쓰면서 정리된 생각, 노하우 등을 누군가에게 전하면서 자존감을 높이고 싶은 것이리라.

나, 아이들에게 꿈을 심어 주는 사람이 되고 싶다.
독서와 글쓰기를 통해 그들에게 자신의 미래가 얼마나 촉망되는지 알려 줄 수 있는 멘토가 되고 싶다.

나는 무엇이 되고 싶은 걸까? 여전히 아리송하다. 매일 글을 쓰면서 생각을 정비하다 보면 답이 나올까? 전업주부이면서 여기저기 안테나가 뻗쳐서 제대로 하고 있는 것이 없어 마음이 복잡한 요즘이다.

나는 아이들에게 엄마로서 최선을 다하고 있는가? 넋두리를 쓰면서 생각을 정리해 보려 애쓴다. 아직은 앞이 보이지 않아서 많이 슬프거나 육아 스트레스와 주부 우울증이 겹친 게 아닐까 싶다.

나의 위치를 찾고 싶다. 찾고 나서는 맹렬히 몰두하고 싶다. 더는 이도 저도 아닌 삶을 살지 말아야 할 텐데…. 부끄럽다. 이것저것 많이 펼치면 서 막상 한 가지만 하는 사람보다 나은 것이 없어서.

쓰면, 반드시 이루어진다!

이 글을 발견한 날은 할 일이 너무 많고 정리가 되지 않아 우울했었다. 오래 묵혀놓았던 지난 글들을 보고 싶다는 맘이 들어서 10년 전쯤 온라인 글쓰기 프로젝트를 했던 카페에 들어가 내가 쓴 글들을 보다가 이 글을 만 나게 된 것이다. 글 쓰고 강의하고 아이들 가르치며 꿈을 심어 주는 일을 꿈꿨는데 그로부터 불과 3년 뒤에 2015년 공저로 작가가 되고 2017년에 그림책 작가가 되었다. 그리고 지금은 도서관이나 학교, 지역아동센터 등 에서 글쓰기 강의를 하고 개인 공간에서 아이들에게 독서, 글쓰기, 토론을 가르치는 선생이 되었다.

그야말로 모두 이룬 게 아닌가? 이 글을 읽으니 그날 나의 기분과 막막했 던 감정들이 그대로 생생하게 느껴졌다. 당시 나는 어둠을 걷고 있는 듯 앞 이 전혀 보이지 않았다. 남편은 일하고 집에 돌아와서 육아에 지쳐 우울한 나를 보며 한숨지었고 그런 자신을 어떻게 해야 할지 몰라서 쓴 글이었다.

그날 예전에 썼던 이 글을 발견하고 얼마나 행복해졌는지 모른다. '맞아, 그때 그랬는데…. 내가 원하던 모든 것, 아니 그 이상을 이뤘구나.' 깨닫게 되었으니 말이다. 이전에 글을 쓰지 않았다면 절대 몰랐을 일이다. 그리고 내가 꿈을 이룰 수 있었던 이유는 이렇게 당시의 감정과 마음을 글로 다독이며 기록했기 때문이다. 내가 원하는 것이 무엇인지 글을 쓰면서 처절하게 찾고 찾았던 날들. 그리고 그 '글'들이 지금의 나를 만들었고 지금도 내가 지쳐서 힘들 때 다시 일으켜 주는 에너지가 되어 주고 있다.

지금 자신에게 실망하고 앞이 막막한 사람이 있다면 더듬더듬 내가 원하는 것들을 써 보라고 권하고 싶다. 그럼 나도 모르게 그 글을 따라 내 삶이 조금씩 펼쳐져 간다는 것을 느낄 수 있을 테니 말이다. 글은 꿈을 이뤄 주는 강력한 도구이다. 자, 지금 펜을 들거나 키보드 앞에 앉아보시라. 그리고 어떤 꿈이든 맘껏 써 보자! 뭐든 좋다! 글은 꿈을 이루게 해 주는 강력한 도구라는 걸 꼭 기억하자!

5.

글쓰기 수업 수강생들의

감동 후기

글쓰기 강의 후 알게 된 것

'가장 기억에 남는 시간은 무엇이었습니까?'

'내가 받았던 가장 좋은 영향은?'

'이 수업을 통해 자신에 대해 새롭게 발견한 것(장점 위주로)이 있다면?'

'이 강의를 추천한다면 그 대상과 이유는 무엇인가요?'

'지금과 같은 청년기에 필요한 공부나 강의는 무엇이라고 생각하나요?'

최근에 청년 대상 '자아 발견 글쓰기' 강의를 10주 동안 진행하였다. 강의의 마지막 날, 설문을 통해 지난 강의를 돌아보고 스스로에 대해 생각해보는 시간을 가졌다.

"제가 잊고 있던 저를 찾을 수 있어서 너무 좋은 시간이었습니다."

"쳇바퀴처럼 사느라 내가 어떤 감정을 느끼고 있는지조차 모르고 지냈는데 이곳에서 멈춰서 정리하고 글을 쓸 수 있어서 일을 하는데도 그 정돈된 마음의 영향력이 적지 않았어요."

"나라는 사람은 내가 좋아하는 일을 참 잘 알고 그것을 성실히 묵직이 해낼 수 있는 사람이라는 것을 깨닫게 되었습니다."

"처음에는 내가 어떤 감정을 느끼고 사는지조차 몰랐는데 선생님께서 나의 감정이 뭔지 살펴보라고 하시고 그것을 대화와 글로 풀어내면서 알 수 있어서 이제는 내가 뭘 느끼는지 아는 게 어렵지 않게 되었어요."

"직장을 그만두고 무얼 하면 행복한 사람인지 정말 많은 고민을 했었는데…. 이 수업을 들으면서 차분하게 내가 좋아하는 순간들과 선호하는 게 무엇인지 등을 찾다 보니 찾아져서 너무 신기하고 좋았어요."

모집정원 10명으로 꽉 채워서 시작된 강의가 끝에는 딱 2명으로 마무리되었다. 아무래도 일과를 마치고 2시간의 강의 가운데 나를 돌아보고 글을 쓰는 일이 쉽지는 않았으리라 생각된다. 마치 서바이벌 게임처럼 끝에는 단 두 사람이 남았지만 단순한 글쓰기를 넘어 자신을 돌아보고 같이 대화하고 질문했던 시간이 꽤 의미 있었다는 반응에 감사한 맘이 들었다. 무엇보다 자신이 이전에 무엇을 좋아했고 지금 무엇을 추구하고 싶은지를 알게 되어 인생의 지도를 그릴 수 있는 시간이 되었다는 이야기에서 강의의 목표였던 '자기다움', '나다움'의 중요성과 '나만의' 삶을 그려가기의 의미가 충분히 전달된 것 같아 모든 수강생에게 적지 않은 의미를 준 시간이 되었으리라는 확신이 들었다.

나를 감각할 수 있는 힘

'너 자신을 알라.'는 소크라테스의 명언이 폐부를 찌르듯 깊이 파고들 때가 종종 있다. 많은 사람과 관계를 맺고 여러 가지 상황 속에 놓이지만 정작 내가 알아야 할 것은 다른 사람들이나 지금 처한 상황, 시대의 흐름이 아닌 그 중심에 서 있는 '나 자신'이라는 걸 절실히 깨닫는 순간들이 많다. 나는 어떤 사람으로 태어나고 자랐으며 무엇을 할 때 에너지를 얻고 어떤 걸 할 때 삶의 기쁨을 느끼는지 또 어떤 일을 겪을 때 가장 힘이 들고 맘이 아픈지 등 말이다.

나를 알고 제대로 느낄 수 있는 힘을 가진다는 건 너무나 중요하다. 왜냐면 그 힘이 세상에 하나뿐인 나로서 살아갈 수 있는 원동력이 되고 어떠한 변화와 흔들림 속에서도 나를 지킬 수 있는 근간이자 나답게 타인과 더불어 행복한 삶을 살게 해 줄 토대가 되기 때문이다.

"세정 씨, 내가 세정 씨랑 글쓰기를 하지 않았다면 지금의 내가 있었을까 싶어."

몇 년 동안이나 웰다잉 공부를 함께 했던 60대 선생님이 건넨 이야기였다. 오랜 시간 자신이 무엇을 느끼고 바라는지 생각해 보지 않은 채 그저 아내, 며느리, 엄마로만 정신없이 살다가 어느 날 시간이 흘러 버렸다는 사실을 알았을 때 가슴이 뻥 뚫린 것 같이 아프고 한없이 슬펐다고 한다. 그런 마음이 어디에서 비롯되었는지 내가 진행했던 온라인 글쓰기 프로젝트 '30일 글쓰기'를 하면서 더듬더듬 찾아볼 수 있었다는 말씀이었다. 그리고 이제는 그러한 과정을 통해 상황이 어떠하든 이겨 낼 힘도 생겼고 내가 정말 내 삶의 진정한 주인이라는 사실도 정확히 체감하게 되셨다고 한다.

"어머, 정말요? 제가 그런 도움이 됐다니 너무 감사하네요."

"응. 내가 지금의 내가 되기까지 가장 큰 변화의 중심엔 언제나 세정 씨가 떠올라. 고마워."

사실 이것은 내가 한 일이 아니라 '글쓰기'가 한 일이었다. 여기저기 흩어진 마음과 생각, 지나온 삶을 글로 쓰다 보면 지금의 내가 보이고 어디에 중심을 세워야 할지도 차츰 감을 잡게 된다.

나 자신과 내 삶의 방향을 알려 주는 도구

'선생님, 너무 감사합니다. 지금 배우고 있는 그곳에는 너무나 문학적으로 짱짱한 분들이 많아서 기가 죽어요. 그런데 모르니까 배우러 다니지요! 많이 알면 제가 선생님 하지 않겠어요? 모르고 살아가는 것보다는 배우는 즐거움이 엄청 행복합니다. 선생님께서 제 인생을 확 바꿔 놓으셨습니다. 거듭 감사합니다.'

최근에 '자아발견, 치유 글쓰기'라는 주제로 성인 글쓰기 강의를 4주간 진행하였다. 그리고 그곳에서 뵌 60대 여성 수강생분(닉네임이 꼬꼬 할머니다.)이 수업을 모두 마친 후 바로 다른 시 낭송 강의를 들으러 다니고 있다며 단체 카톡방에 남긴 글이다. 오래 우울하게 지내시다가 어떤 좋은 수업이 있을지 정말 거의 10년을 헤맸는데 나와의 글쓰기 수업을 듣게 된 건 천운이라며 기뻐하셨고 정말이지 강의가 진행될수록 날로 생기를 찾아갔다.

내게 연신 고맙다는 인사를 하시며 글을 못 쓴다고 수줍어하셨는데 그때마다 "글에서 가장 중요한 건 진솔함이에요. 그런 점에서 꼬꼬 할머님은 백 점 만점에 백 점입니다!"라고 칭찬해 드렸더니 정말이냐며 좋아하셨다. 그리고 그때 얻은 자신감 때문인지 모르거나 잘하지 못하는 걸 부끄럽게 여기지 않고 오히려 더욱 즐거이 배우시는 게 아닌가.

"꼬꼬 할머님의 배움의 열정과 순수한 갈망이 최고의 스펙입니다! 절대 위축되지 마시고 지금 그대로 쭉 하세요! 파이팅! 제가 계속 응원합니다." 내가 한 일은 그저 이런저런 대화 속에서 진심으로 경청하고 공감하며 글쓰기를 위한 질문과 격려를 해 드린 게 전부였다. '글쓰기'는 잘 쓰는 사람만의 전유물이 아니다. 자신이 누구인지 모르는 사람들, 인생의 방향을 잃어 갈피를 못 잡는 이들에게 필요한 것이다. 그리고 그런 이들이 진솔하게 자신의 길을 찾아갈 때 'only one'의 아름답고 빛나는 글이 탄생한다. 나

는 그래서 앞으로도 이러한 글쓰기 안내자이자 치유자로 성장을 돕는 자

로 살아가고 싶다.

6

삼 남매 엄마가 되어 이룬
그림책 작가의 꿈

작가의 꿈을 가지게 된 계기

지금은 열네 살이 된 둘째 아이가 생후 6개월쯤 되었을 무렵 마을공동체 활동으로 '품앗이 육아'를 했다. 첫 시작은 도서관에서의 '북스타트'라는 영유아기 때부터 책을 읽히자는 취지의 행사에서 만난 또래 아이를 가진 엄마들과의 만남에서 비롯되었다. 도서관 담당자가 프로그램을 마무리하며 지금 만난 엄마들끼리 꾸준히 모임을 하면서, 아이에게 책을 읽어 주는 활동을 하면 어떻겠냐는 제안을 해주었다.

열두 명의 엄마들과 '은평 북스타트맘'이라는 온라인 카페를 열고 모임을 시작했고 그 모임이 당시에 서울시 마을공동체 사업에 선정되어 '은평 품앗이 육아'로 새롭게 확장되어 육아 힐링 커뮤니티로 주목받았다. 그때 우리가 했던 활동은 일주일에 두 번 만나서 하루는 엄마들이 아이들의 발달 시기에 맞춰 품앗이로 놀이 교육을 하고 하루는 아이들을 위한 그림책을 읽고 공부하는 '맘스데이'로 진행하는 것이었다.

그때 나는 어린이도서연구회라는 곳에서 좋은 어린이 책을 함께 읽고 토론하는 공부 모임에도 참여 중이었는데 좋은 그림책들이 많다는 사실을 알게 되었다. 이후 그림책을 매개로 한 활동들을 많이 하였는데 그 인연으로 셋째 아이를 가졌던 2015년 『엄마의 그림책』이라는 '태교를 위한 그림책 안내서'를 공저로 출간했다. 그러면서 자연스레 '아동문학 작가'가 되고 싶다는 꿈을 가지게 되었다.

꿈을 이루기 위한 노력

2016년 9월 한겨레 분당에서 8주 과정의 동화창작 수업을 듣게 되었다. 마지막 수업을 앞두고 새로 창작한 작품을 하나씩 발표하라고 해서 이전에 학교 가기 싫다는 큰아이의 불평을 모아서 핸드폰 메모장에 써 놓은 원고로 작업을 하기로 마음먹었다. 제목은 '내가 사라지면 좋겠어.' 그림을 그리는 친한 동생 구름(닉네임)의 도움을 받아 그림책을 만들었다.

이야기에 그림을 입히는 데는 고작 3일 정도의 시간밖에 걸리지 않았다. 작업은 토요일 오전에 좀 하고 나머지는 주일날 밤에 구름이 우리 집에 와서 새벽까지 함께 해 주고 수업 바로 전날인 월요일에 종일 내가 색칠하고 구름이 손봐주면서 최종 마무리를 했다. 다 만들고 나서는 얼마나 뿌듯하던지. 무엇보다 만드는 과정에서 구름과 나눈 이야기와 교감도 무척 뜻깊고 좋았다.

마지막 수업 날 드디어 작품 발표 시간이 다가왔다! 작가 생활 30년인 지적이고 날카로우신 선생님, 좀처럼 칭찬이 없었던지라 무척 떨렸다. 발표전 혹시라도 이런 내용은 너무 흔해 빠졌다고 하실까 봐 내심 걱정이 앞섰다. 그런데 이게 웬걸? 몇 번을 들춰 보시더니 "이런 내용을 외국의 어느 그림책에서 본 적이 있는 것 같긴 한데…. 그림책 작업하는 출판사들이 좋아할 소재네요."라고 하시는 게 아닌가? 정말이지 뛸 듯이 기뻤다.

진짜 내가 그림책 작가가 된다고?

동화창작 수업에서 작품이 괜찮다는 피드백을 받고 나니 자신감이 생겼다. 물론 급하게 만드느라 여러모로 허술한 점이 많았지만, 감사하게도 아동문학을 오랫동안 해 온 선생님께서 조금만 보완하면 그림책으로 내도 좋겠다는 긍정적인 피드백을 해 주니 너무 놀랍고 용기가 불끈 생겼다.

이전에 페이스북을 통해 좋은 작품 있으면 언제든 연락 달라고 했던 '따스한 이야기 출판사' 대표님이 떠올랐다. 동화창작 수업을 마무리하면서 좋은 피드백을 받았다는 내용과 함께 더미북을 사진으로 찍어 보내 드렸더니 원고가 좋다며 단번에 계약하자고 하시는 게 아닌가? 곧바로 직접 만나 계약서를 쓰고 이런저런 이야기를 나누고 집에 돌아오는 길에 모든 것이 믿기지 않았다. '내가 쓴 그림책이 정말 나올까?', '어떻게 나올까?', '난 아직 부족한데 괜찮은 걸까?'

그리고 얼마 지나지 않아 드디어! 『사라질 거야』라는 제목의 그림책으로 출간이 되었다.

"어때? 재밌는 거 같아? 괜찮아?"

아이들에게 먼저 묻는다.

"응! 좋아! 재밌어!"

나의 세 아이가 첫 그림책의 첫 독자가 되어 주었다. 엄마의 첫 그림책이니 평생 가보로 간직하라고 한 권씩 사인해서 건네줬다. 그림책을 좋아하는 두 돌 휘은이는 자주 이 책을 들고 와서 읽어 달라고 재촉하곤 했다. 내가 쓴 그림책을 읽어 주는 기분이 얼마나 묘하고도 감동적인지…. 무엇보다 우리 큰아이의 불평의 말들을 모아 쓴 글이라 더 의미가 있었다.

하나님의 은혜로 모두 이뤘다. 그림책 작가가 된 후에 나는 더 많은 일을 할 수 있었다. 아이들에게 책 읽기와 글쓰기를 가르치는 수업을 하게 되고 그림책 인문학 강의, 글쓰기 모임, 그 연장으로 성인 대상 글쓰기 강의까지. 불과 몇 년 전까지만 해도 나의 길이 무엇인지 고민하며 막막했었는데 어느 순간 원하던 것들을 그 이상으로 모두 이뤄서 놀랍기만 했다. 모든 게 정말 내 일인가 싶을 정도로 말이다. 지금의 내가 그저 신기하기만 하다.

모두 하나님의 인도하심 덕분이다. 내가 나로 우뚝 서게 되기까지 나의 능력만으로는 도저히 할 수 없는 일이었다. 지난 세월을 돌아보니 성경 말씀(범사에 감사하라. 이것이 그리스도 예수 안에서 너희를 향하신 하나님의 뜻이니라._데살로니가전서 5장 18절)대로 작은 일도 감사히 여기며 정성을 다한 것이 모두 나를 이곳까지 오게 해 준 것이다.

그림책 인문학 강의도 잘할 수 있었던 이유는 독서 토론 모임을 지속해왔기 때문이고 그림책 원고를 쓸 수 있었던 이유도 사랑하는 나의 아이들을 온 마음으로 키울 뿐 아니라 동네 아이들에게 그림책을 꾸준히 읽어 주면서 아이들과 소통했기 때문이다. 글쓰기 강의 기회 역시 그저 내 곁에 사람들이 더욱 긍정의 마음으로 자신다운 빛을 찾았으면 하는 간절한 마음으로 시작한 글쓰기 모임의 내공 덕분이었다.

역시 세상에 공짜는 없다. 그러니 지금 이 순간, 어떤 일이든 어떤 사람을 만나든 정성을 다해야 한다. 그리고 그 당시엔 내가 가장 마음을 많이 내주며 최선을 다한다고 여겼었는데 돌아보니 아무것도 아닌 나를 믿어 주고 함께 해 준 이들이 있었기에 모두 가능했던 일이었다.

그림책에 글을 써서 출간한 지 어느덧 7년이 흘렀다. 이제는 내가 쓰고 그린 그림책을 만들고 싶다. 대단한 그림과 글이 아니어도 단 한 사람의 마음과 생각을 달리 해 줄 수 있다면 그걸로 족한. 2016년부터 꾸준히 그림을 배우고 있다. 그리고 최근에는 두 차례나 동네에서 함께 그림을 배우고 있는 이웃들과 전시회도 열었다. 내 마음의 풍경을 글과 그림으로 오롯이 담아 독자에게 가닿게 할 그런 그림책을 쓰고 그릴 수 있는 날을 꿈꾼다. 아마 나는 모지스 할머니처럼 죽을 때까지 그림을 그리며 삶을 향유하고 글을 쓰며 기록하고 사유하고 가르치는 작가로 살게 될 것이다. 나는 그런 꿈을 가진 지금의 내가 참 좋다.

7.

사랑과 꿈을 키워 주는
글쓰기

몇 년 전 온라인으로 '30일 글쓰기 프로젝트'를 진행한 적이 있다. 참여 자들에게 매일 하나의 주제나 질문을 주고 글을 쓰게 하는 거였다. 어느 날의 주제가 '나를 힘 나게 하는 사람들'이었다. 일상에서 그냥 혼자라고 외롭다고 생각하는 순간들이 참 많은데, 문득 내 곁에 '나에게 힘을 주는 이들'이 누가 있는지 돌아보고 싶어졌다.

'엄마'라는 이름이 주는 힘

우선 가장 첫 번째는 나의 세 아이다. 나를 가장 힘들게도 하고 지치게 도 하지만, 어느 날 내가 '죽음'을 생각했을 때 아이러니하게도 이 세 아이 가 가장 먼저 떠올랐다. "당신이 죽는 순간을 한번 떠올리세요. 누구와 함 께이고 싶나요?"라는 물음 앞에서 내 곁을 이 세 아이가 지켜 주면 좋겠다 고 생각했다. 아이들의 손 하나, 하나를 잡고 내 아이로 와 줘서 고맙고 부족한 엄마를 많이 사랑해 줘서 고맙다는 인사를 전하고 싶다고 답하는 나를 발견했다.

아이들을 키우면서 지금도 힘들고 어려운 순간들이 있다. 하지만 아이들이 자라가는 순간, 순간 그리고 함께 나누는 이야기들과 시간 속에서 지금이 아니면 누릴 수 없는 일이라는 걸 자주 되뇐다. 실제로 아이들은 거짓말처럼 벌써 훅! 자라버렸다. 불과 엊그제만 해도 나의 두 발 위에서 비행기를 타던 큰아이가 나보다 큰 180cm의 고등학생이 되었고 둘째도 사춘기 여중생, 막내도 제법 똘똘한 10살 초등생이 되었으니 말이다. 그래서 오늘의 아이들 모습이 나에게 힘을 준다. 이 아이들의 예상치 못한 말과 행동이 나를 웃게 하고 또 세상을 새로이 보게 한다. 앞으로 이 아이들이 어떻게 자라갈지 기대가 된다.

무조건 공부를 잘하는 아이가 되거나 성공한 사람이 되기를 바라지 않는다. 어느 자리에 있든 자기 자신으로 충만한 삶을 살길 소망하며 매일 세 명의 아이들 머리에 손을 얹어 기도해 준다. 내 인생에서 내가 감당할 수 없을 만큼 소중한 최고의 작품들. 내가 낳고 기른 아이들이기에 그 모습 자체로 귀하고 감사한 존재들이다. 엄마가 사랑한다, 휘준, 휘연, 휘은.

묵묵히 나를 지지해 주는 사람들

둘째는 나의 남편과 아버지. 남편은 내가 바라는 100%의 힘을 주는 사람은 아니다. 하지만 돌이켜보니 내가 힘들 때 유일하게 짜증도 부리고 기댈 수 있는 사람임을 최근에 알게 되었다. 내가 이 사람과 자주 다투는 이유도 그런 기대 때문이라는 사실을. 나와 성향이나 가치관이 완벽하게 맞지 않고 그 다름으로 꽤 자주 언쟁을 벌이기도 하지만 지금까지 무려 18년을 함께 살아온 걸 보면 서로에 대한 의리와 우정이 어느 정도 깊은 것이리라 생각된다. 유년 시절 부모 곁을 떠나서 오래 살았던 남편에게는 안식처가 필요하다는 것을 최근에서야 이해하게 된 나 자신도 반성하면서 말이다. 어쨌든 아이들을 부양하기 위해 밤낮없이 일하고 있는 사람이기에 늘 감사하고 애잔한 마음이 밀려든다. 고마운 사람, 나로 인해 편안한 쉼을 얻을 수 있기를 소망한다.

그리고 아버지. 아버지는 언제나 누구에게든 나누려는 마음이 큰 분이다. 엄마가 돌아가신 후에 갑자기 홀로 된 아버지는 한동안 누워만 계시더니 안 되겠다며 동네 이웃들에게 무료로 자전거를 고쳐 주는 봉사를 하고 싶다고 하셨다. 그래서 한동안 집 앞에 '자전거 수리해요.'라는 팻말을 세워 놓고 동네 이웃들의 자전거 타이어 구멍을 메워 주거나 망가진 페달을 고쳐 주는 일을 하시곤 했다. 아버지는 오랫동안 교회에서 성도들을 섬기는 삶을 살아오신 장로님으로 어떤 일을 할 때 어떻게 판단하고 지혜롭게 결정할지에 대한 통찰력이 있다. 그래서 아버지와 의논하면 명쾌해지는 때가 참 많다.

"아버지는 그냥 있는 자체만으로도 든든한 존재야. 아버지가 살아 계실 땐 몰랐는데 가시고 나니까 확 느껴지더라고."

아버지를 하늘나라에 보낸 사람들의 공통적인 이야기다. 요양병원에 계신 아버지, 오늘도 아버지는 오전 7시에 어김없이 카톡으로 성경 구절을 녹음해서 보내 주셨다. 아버지의 목소리를 들을 때마다 눈물이 나고 마음이 아프지만, 아버지를 그곳에서 건강하게 모실 수 있다는 사실만으로도 또 아버지의 존재 자체로 힘이 난다.

'선생'이라는 이름의 기쁨

셋째는 내가 가르치는 아이들이다. 수업하기 전에 어떤 안 좋은 일이 있어도 아이들을 만나면 금방 안 좋았던 감정이 치유되고 씻기는 것을 느끼게 된다.

"선생님, 이 수업에 오면 제 얘기를 할 수 있으니까 뭔가 마음이 후련해요."

"선생님 덕분에 저 요즘 글쓰기가 재밌어요."

"이 수업을 해서인지 책 읽기가 술술 쉬워진 것 같아요."

"수업하면서 선생님이 질문을 던져주시니까 내가 어떤지 알 수 있어서 좋아요.”

“오늘 말하면서 저를 돌아볼 수 있어서 괜찮았던 것 같아요.”

“저 요즘 소설이 너무 쓰고 싶어요!”

“여기서 계속 말하고 발표를 하니까 어디서든 나서서 뭘 하는 게 두렵지가 않아요!”

한 권의 좋은 책을 골라서 함께 읽고 토론하고 글 쓰고 그게 전부인 수업이다. 나 혼자 고민하고 생각해서 만들어 가는 수업이기에 이 길이 옳은 길인지 아이들에게 도움이 되는 방법인지 돌아보고 돌아보기를 반복하다가 한 때는 프랜차이즈 독서 논술 학원을 기웃거리며 가르치는 방법이 어떤지 그 방법을 적용해서 해 볼까 싶어 살펴보았다. 매월 정해진 분량을 아이들이 각자 읽고, 정해진 교재를 채워 가는 것이었다. 선생님들의 열정이 참 대단했다. 보고 배울 점이 참 많구나! 자극이 되었다.

하지만 방법의 옳고 그름과는 상관없이 내가 지향하는 바와는 다르다는 결론에 이르러 그만두었다. 더군다나 기존에 내 수업 방식과는 접목할 수 없다는 규정이 나와는 맞지 않는 옷이라는 확신이 들었다. 책을 읽으면서 같이 성장하는 이 아이들. 앞으로 이 아이들과 함께 읽을 책들과 질문, 대화가 가슴 떨리게 기대된다. 이런 귀한 아이들이 나에게 와 줘서 너무나 기쁘다.

함께 꿈을 만들어 가는 '희열'

마지막으로 내 주변에 함께 삶을 나누고 꿈을 꾸는 사람들이다. 나에게 가장 소중한 공동체 중 하나는 '교회'이다. 그곳에서 하나님 말씀을 토대로 함께 신앙과 삶을 나누는 이들이 있다는 것은 인생에 엄청난 힘이 된다. 그저 지나가는 일상의 이야기가 아니라 말씀에 빗대어 내 삶을 진솔하게 나눌 공동체가 있다는 건 얼마나 큰 축복인지 모른다.

그중에서도 속회는 매주 각자의 집에서 모여 함께 말씀을 보며 예배하는데 소수정예의 사람들이 모여서 지난 한 주간의 삶에서 감사했던 일을 나누고 같이 찬송하고 말씀으로 각자의 삶을 돌아볼 때 그 은혜와 감동이 말할 수 없이 크다. 그리고 교회 안에서 내가 섬기고 있는 청소년부 교사로서의 직분 속에서 만나고 있는 아이들. 아직 알 수 없지만, 이 아이들에게 심어지는 성경 말씀이 앞으로의 아이들 인생에 어떤 힘을 발휘하고 빛이 될지 상상만 해도 행복하고 기쁘기만 하다.

그리고 창작을 함께하기 위해 모이게 된 작가들의 모임, '쫌'. 2018년 말에 각자 그림책을 한 권씩 만들자는 취지로 3개월 프로젝트로 시작된 모임이 어느덧 햇수로 8년 차가 되었다. 비록 그림책 창작을 완수한 사람은 없지만, 각자 창작에 대한 열정을 여전히 불태우며 대부분 작가가 되었고 만날 때마다 예술과 창작에 대한 풍성한 이야기로 놀라운 영감이 되는 모임이다.

또, 매주 수요일마다 만나는 김작가예술창작소의 미술반 멤버들. 김작가의 탁월한 그림지도 덕분에, 잘 그리고 못 그리고를 떠나 서로의 표현과 각자의 감수성을 인정해 주며 날이 갈수록 발전해 가는 과정이 일상에서 지친 마음을 예술로 채운다는 게 무엇인지를 오롯이 느낄 수 있게 해 준다. 무엇보다 모두 서로의 삶을 응원하고 서로를 향한 정직한 마음 그거면 충분하니까. 그것만으로도 우린 웃을 수 있으니까. 그걸로 족하다. 이렇듯 글쓰기를 통해 지금 내 곁에 소중한 사람들을 더듬어 보며 나와 타인을 향한 사랑의 마음과 새로운 꿈들을 돌아볼 수 있게 된다.

끝으로 지금 살고 있는 작은 마을에 왔을 때 가장 큰 위로가 되고 힘이 되어 준 곳, 베짱이 도서관! 관장님과 그곳에서 만난 이웃들. 열 살이 된 막내 아이가 젖먹이 시절에 아이를 안고 아이들에게 화요일마다 그림책 읽어 주는 활동을 했다. 매번 정성껏 책을 골라 아이들에게 읽어 주며 교감하던 그때 함께 나눈 그림책들, 언제나 나를 반겨주고 지지해 준 아이들과 이웃들 덕분에 작가가 될 수 있었다. 특히 베짱이 도서관장 박소영 언니의 격려와 응원으로 그곳에 공간을 공유받으며 처음으로 책 읽기, 글쓰기 수업도 할 수 있었고 혼자 소망하던 것들을 조심스레 해볼 수 있었다. 베짱이 도서관에서 만난 이웃과 친구들이 나에게는 가장 따뜻하고 든든한 존재이다.

8

계속 쓰며, 꿈꾸며

가장 강력한 증명은 내가 살아온 삶!

"선생님, 저는 진짜 선생님이 너무 멋있고 존경스러워요."청년 대상의
글쓰기 강의에서 마지막 10주차 때, 30대의 여자 수강생이 나에게 한 말
이다. 나는 내심 지난 시간 동안의 내 강의가 너무 좋아서 그런 걸까 기대
하며 왜 그런지 반문했다. 그랬더니 뜻밖에 답변이 왔다.

"제 친구가 결혼해서 지금 아이 하나를 키우고 있거든요. 그런데 그 친
구는 정말 아이 하나 키우느라 너무 힘들어하더라고요. 그 친구 보면서 여
자는 결혼하면 다 그렇게 살아야 하는구나. 나는 할 수 있을까 고민이 많
이 되고 결혼에 대해 비관적인 생각이 더 강하게 들었거든요. 그런데 선생
님은 아이를 셋이나 두고 또 이렇게 강의까지 하시며 자기 일을 해나가시
는 모습을 보니까 이런 분도 있구나. 정말 대단하다는 생각과 함께 저도

꿈이 생겨요!"

그렇다. 백 마디, 천 마디 말보다 내가 살아온 인생으로 보여 주는 게 가장 강력하다. 요즘 결혼과 출산을 꺼리는 청년들이 대부분이라서 내가 아이 셋을 낳은 엄마이자 주부라는 것이 오히려 괴리감이 들지 않을까 했는데 오히려 나의 삶이 가장 임팩트 있게 다가가 희망이 되었다니 무척 놀라웠다. 수려한 말과 탁월한 가르침이 중요한 게 아니다.

오직 내가 살아 낸 삶만이 보여 줄 수 있는 유일한 것이라는 걸 확실히 깨닫게 된 시간이었다. 그리고 그러한 내 인생의 여정을 스스로 알고 표현하며 나아갈 수 있게 하는 힘이 이 글쓰기에 있다. 내가 만일 꾸준히 기록하며 지금까지 오지 않았다면 내가 살아온 삶은 그냥 누구나 흘러가는 삶에 불과했을 테니 말이다. 삶이 더 깊어지게 하는 글쓰기, 인생을 더 잘 살아 내게 하는 글쓰기가 우리 모두에게 필요하다.

나의 첫 글쓰기 상

정말이지 아이 셋을 키우느라 참으로 애를 많이 썼다. 아이들 터울이 세살, 네 살이다 보니 육아만 거의 10년 이상을 했다. 아이들을 정성껏 기르면서도 그 와중에 나다운 길을 어떻게 찾아갈지 고군분투하며 책을 읽고 강의를 듣고 수시로 도서관을 다니며 막막함을 뚫고 걸어온 길이었다. 아이들에게 당당한 엄마가 되고 싶었고 또 나 자신으로서도 충만한 삶을 살고 싶었다.

그때마다 내 마음의 막막함을 글로 쓰고 더듬더듬 내 길을 만들어 갔다. 이제 와 돌이켜 보니 오늘의 내가 있기까지 정말 얼마나 많은 일이 있었는지 모른다. 맨 처음 내 글쓰기 실력을 인정받은 것은 10여 년 전에 〈행복한 동행〉이라는 성기 긴행물 수필 공모전에 글을 내서 받은 입선 상이었다.

그때 다섯 살 된 첫 아이와 이제 막 돌이 된 딸아이 육아로 정신없는 나날을 보내고 있었는데 당시 유일한 낙이라면 동네 주민센터나 시청 등에 가면 볼 수 있는 지자체 소식지들 독자란에 소감을 써서 보내는 것이었다. 꼼꼼하게 읽고 좋았던 것을 독자 소감으로 보내서 채택되면 문화상품권이나 작은 기프티콘을 받을 수 있었는데 이런저런 소식들을 읽을 뿐 아니라, 소감을 정성껏 써서 보내면 상품까지 덤으로 받으니 그 즐거움이 꽤 쏠쏠했다.

그리고 어느 날 한 소식지 담당자로부터 나에게 독자 소감으로 채택이 되었다는 연락이 왔다. 그런데 직업이 무엇이냐는 물음에 "그냥 주부인데요…."라는 말밖에 할 수 없는 내가 너무 부끄러워 우울해졌었다. 이때의 가슴 저린 에피소드를 담아 '나는 주부다'라는 제목으로 〈행복한 동행〉 수

필 공모전에 내며 아이들의 엄마로, 가정을 살리는 사람으로 당당한 주부가 되겠다는 포부를 담았다.

나의 진정성 있는 호소가 심사위원들의 눈길을 끌었는지 아니면 나와 같은 주부들에게 희망을 주려는 의도였는지 알 수 없으나 수백 편의 글 중에서 입선되었다는 사실이 너무 놀라웠다. 받은 건 비록 작은 상패와 문화상품권 5만 원, 기념 수건이 전부였지만 나에게는 글쓰기로 처음 받은 상이었기에 너무나 감사하고 좋았다. 지금까지도 그때 받은 작은 상패가 작업실에 잘 비치되어 있다. 내가 작가가 되는데 가장 큰 동력이 되어 준 상이다.

나는 계속 꿈꾼다

경기도 광주의 작은 마을에서 '또 하나의 생각'이라는 공간을 운영하고 있다. 소박한 원룸이고 간판은 창문에 상호와 함께 '책 읽기', '글쓰기', '말하기'가 붙어 있는 게 전부이지만, 나는 이곳을 '작은 인문학 아카데미'라고 스스로 칭하고 있다. 왜냐면 책이나 영상, 칼럼, 신문 등등의 자료를 매개로 어린이부터 성인까지 다양하게 만나며 개개인에게 주어진 근원적인 삶의 문제와 사상, 문화 등을 두루 나누며 깊이 사고하고 사유하는 곳이기 때문이다. '또 하나의 생각'이라는 상호는 누구나 자신의 생각이 있고 그 생각은 잘나고 못남이 없이 그 자체로 모두 소중하다는 의미이다.

어느덧 나의 세 아이도 자라 막내가 열 살, 둘째가 열네 살, 큰아이가 열일곱 살이 되었고 나와 함께 이곳에서 독서와 글쓰기 수업을 하고 있다. 막내는 7살 때부터, 둘째는 12살 때부터, 첫째는 어릴 때 내가 처음으로 수업을 시작했을 때 2년 정도 하다가 내가 허리 디스크로 멈춘 사이에 그만둔 후에 한참을 쉬고 최근 나와 일대일 수업을 하고 있다. 책을 읽고 글을 쓰고 토론하고 발표하며 점차 사고를 확장하면서 성장해 가는 제자들을 볼 때마다 가슴이 지릿하고 뿌듯해진다. 무엇보다 나의 아이들이 엄마의 수업을 진지하게 받아들이고 함께 해 주니 이보다 더한 행복이 어디 있으랴.

나는 작가이자 가르치는 사람으로 사는 일이 너무나 행복하다. 내가 그러하듯 제자들이 책을 매개로 끊임없이 배우고 글을 쓰며 깊이 사고하고 사유할 수 있고 자기다운 표현으로 어디서든 당당하게 말할 수 있는 사람이 된다면 때때로 흔들릴지라도 다시 중심을 세우고 단단히 살아갈 수 있다. 그래서 나는 죽는 날까지 이 일을 놓지 않고 0~100세를 위한 인문학 아카데미를 이어 갈 것이다.(돌이켜보니 태교를 위한 그림책 강의부터 성인들을 위한 글쓰기 강의까지, 지금까지 가르친 수강생들이 태아부터 시니어까지다. 이제는 전 세대를 아울러 가르칠 수 있게 되었다.)

그야말로 '요람에서 무덤까지'의 '교육 기업'을 세우는 것이 나의 꿈이다.

잘 만들어서 세계로 뻗어 나가 많은 사람이 하나님이 주신 자신만의 독특한 '빛'과 '결'을 찾아 행복하게 살 수 있도록 돕고 싶다. 그리고 작가로서 많은 이들이 오래오래 두고 볼 아름다운 문학 작품들을 꼭 쓰고 싶다.

안세정 작가가 전하는 글쓰기로 성장하는 비결

❀ 나는 어린 시절부터 글쓰기로 고난과 역경을 이겨 낼 힘을 얻었다.

❀ 살아갈 힘이 없는 누군가에게 말하고 싶다. "그냥 그 마음을 쓰기만 해보세요!" 돈이 들지도, 대단한 무언가가 필요하지도 않은 확실한 자가 치유 방법이다.

❀ 나에게 줄 수 있는 가장 큰 선물은 칭찬이다. 가족, 지인과 함께 상대방의 장점 50가지 찾아 주기를 해 보자. 스스로 나에게 들려주고 싶은 말을 쓰면 타인의 말보다 더 큰 힘이 된다.

❀ 쓰면 이루어진다. 나는 10년 전, 써 놓았던 바람을 다 이루었다. 세 아이를 키우던 전업주부가 그림책 작가, 글쓰기 강사의 꿈을 이룬 것이다. 키보드 앞에 앉아 마음껏 꿈을 써 보자!

❀ 글쓰기 강의는 수강생들에게도 자신과 삶의 방향을 찾아 준 도구가 되고 있다.

제4장

나에게 보내는
마음 처방전

이창임

잃어버린 나,
어디에 있을까?

"자신을 잃어버리는 것은 결코 우연이 아니다. 그것은 타인의 기대 속에

서 자신을 잊는 것이다."

– 파울로 코엘료

착한 아이로 산다는 것은

어릴 적부터 나는 늘 '착한 아이'였다. 부모님이 자랑스러워하는 말 잘
듣는 딸이었고 선생님이 칭찬하는 학생이었으며 친구들에게 좋은 사람으
로 보이고 싶었다. 그런 기대에 부응하기 위해 열심히 노력했다. 부모님이
맞벌이로 바쁘셔서 집안일을 도맡아 하곤 했다. 청소와 빨래, 식사 준비까
지 누가 시키지 않아도 자발적으로 했다. 학교에서도 지각 한번 없이 성실
했고, 몸이 아픈 친구를 대신해 필기를 하고 숙제와 준비물까지 챙겨 주는
아이였다. 때로는 내가 원하지 않더라도 앞장서서 나섰다. 늘 칭찬받고 인
정받기 위해서였다.

그 누구도 나에게 희생을 강요하지 않았지만, 스스로 그렇게 해야 한다고 믿었다. 하지만 그렇게 내가 베푼 노력이 종종 당연한 일로 받아들여졌고 누구도 내 진심을 알아주지 않는 것 같았다. 돌이켜보니 남들에게 인정받고 사랑받기 위해 스스로 무거운 책임을 짊어지고 있었던 것 같다.

가끔은 갖고 싶은 것이 있어도 부모님을 생각하며 참아야 했다. 장남과 막내가 우선이고 나는 늘 뒷전이었다. 소소하게 쌓여 가는 이런 상황들에 서운하고 속상했지만, 마음을 표현할 수 없었다. 어느 날은 몸이 아픈 엄마를 대신해 아침 준비를 끝내고 방에 들어갔다가 나를 제외한 네 식구가 밥을 먹고 있는 장면을 보았다. 식탁 위에는 내 밥그릇도 수저도 없었다. 밥이야 새로 덜면 되겠지만, 그 순간 왈칵 북받쳐 오르는 감정에 눈물을 참을 수가 없었다. 입맛이 없다는 핑계를 대며 방을 나왔고 등교 준비를 하며 혼자 울었던 기억이 난다.

나는 왜 내 마음을 숨겼을까? 이런 일들이 쌓여 갈수록 내 감정을 억누르게 되었고 점점 내가 누구인지 진정으로 원하는 것이 무엇인지 알 수 없게 되었다. 시간이 지날수록 나는 알 수 없는 우울과 외로움으로 힘들었다.

사랑받고 싶은 아이는 감정을 숨긴다

나의 학창 시절은 즐거운 기억이 많지 않다. 어린 나이에도 걱정과 불안이 늘 따라다녔던 것 같다. 초등학교 3학년 때 아버지는 출근길에 우리 형제들에게 집안일을 분담해 주고 하셨다. 나에게는 빨래와 저녁 준비를 맡기셨고 오빠와 동생에게는 방 청소와 석유를 사 오라는 일을 주셨다. 해가 저물고 어둠이 깔리기 시작할 무렵, 아버지께서 돌아오실 시간이 다가오고 있었다. 그런데 그날은 평소보다 일찍 도착하셨다. 오빠와 동생은 밖에서 놀다 오느라 맡은 일을 하지 않았고 방 청소와 석유도 준비되지 않은 상태였다.

아버지는 집에 들어오자마자 크게 화를 내셨고 오빠와 동생은 알몸으로 집 밖으로 쫓겨났다. 그나마 나는 여자라서 옷과 신발을 신을 수 있었지만, 삼 남매가 쫓겨난 채로 집 근처 비닐하우스에 몸을 숨겼다. 나는 입고 있던 옷을 오빠와 동생에게 나눠주며 숨죽이고 있었다. 들키기라도 하면 더 큰 벌을 받을까 봐 한마디도 할 수 없었다. 한참 후 퇴근하신 엄마가 아버지가 잠든 후 우리를 찾아와 집으로 데려갔던 기억이 생생하다.

엄격한 아버지 밑에서 하고 싶은 말을 마음껏 할 수 없었던 나는, 고생하시는 엄마를 조금이라도 돕고자 어린 나이에도 할 수 있는 모든 걸 하려 애썼다. 엄마가 힘들지 않도록 집안일을 자발적으로 해내려 했고 아버지께 혼나지 않기 위해 늘 조심했다. 오빠와 동생이 철없이 아버지의 말을 듣지 않아 아버지가 화를 낼까 걱정과 불안 속에서 지내야 했다. 그렇게 나는 사랑받고 싶었기에 진짜 마음을 드러내기보다 감추며 살아왔던 것 같다.

아이가 어른이 되어 가는 '부모화'

심리학에서는 아이가 나이에 맞지 않는 책임을 지게 되는 상황을 '부모화'라고 한다. 보통 가족 내에서 발생하며 아이가 부모나 형제의 필요를 돌보게 될 때를 가리킨다. 어린 시절, 부모님이 자주 다투셨고 나는 자연스럽게 엄마의 고민을 들어 주거나 엄마와 아빠의 갈등을 중재하려고 애를 썼다. 부모님의 표정을 살피고 눈치껏 행동하는 애어른처럼 말이다. 맞벌이로 바쁜 엄마를 대신해 집안일 역시 모두 내 몫이 되었고 그것이 당연한 일로 받아들여졌다.

힘들었지만 나는 책임감 있게 맡은 일을 해내려 했다. 마음속으론 버겁다고 느꼈지만 말하지 못하고 묵묵히 참았다. 아이가 걱정하지 않아도 될 문제들까지 신경 쓰게 되면서 점점 부담과 스트레스가 쌓여 갔다. 학교를 마친 후 친구들과 놀고 싶었지만, 부모님의 기대에 부응하기 위해 그런 욕구를 억누르고 어른스러운 행동을 해야만 했다. 시간이 흐를수록 내 욕구를 무시하고 오직 어른 역할에만 몰두하게 되었고 점차 우울감을 느끼며 친구들과 어울리기보다는 학교와 집만 오가는 외톨이가 되어 갔다.

잃어버린 나를 찾기 위한 글쓰기

부모화로 인해 나는 어린 시절부터 자신의 감정과 욕구를 표현하지 못하게 되었다. 나의 감정은 점점 억눌렸고 가족의 기대와 요구에 맞추며 살다 보니 심리적으로 고립되는 느낌이었다. 가족의 필요를 우선시하면서 정작 내가 원하는 것은 뒷전이 되었고 내 감정과 생각을 중요하게 여기지 않게 되었다. 타인의 의견을 무조건 받아들이며 어느 순간부터 내가 진정으로 원하는 것이 무엇인지조차 알 수 없게 되었다. 그러다 글을 쓰기 시작하면서 비로소 나에 대해 조금씩 알아가기 시작했다.

학창 시절, 학교에서 일기 숙제 외에 글을 써 본 경험이 거의 없었다. 그러나 우연히 시작한 독서 모임에서 5분간 자기소개를 해야 하는 시간이 주어졌다. '나에 대해 어떻게 이야기할까?' 하는 걱정이 앞섰지만, 주어진 양식을 채우며 발표 준비를 했다. 양식에는 내가 좋아하는 것, 원하는 것, 행복했던 기억과 어려웠던 기억 등 나 자신을 돌아볼 수 있는 질문들이 담겨 있었다. 그제서야 나 자신을 진지하게 생각해 보고 적어 보면서 조금씩 나를 알아가게 되었다.

그 후로 내 감정을 이해하기 위해 글을 쓰기 시작했다. 내가 무엇을 좋아하고 원하는지 알지 못할 때도 글을 통해 서서히 나 자신을 알아갔다. 비록 쉽지 않은 과정이었지만, 더는 다른 사람의 기대에 맞춰 살고 싶지 않았다. 나의 행복과 만족을 위해, 나다운 삶을 살고 싶었다. 진정 자신이 원하는 삶을 살고 있다고 말할 수 없다면, 글쓰기를 통해 자신을 찾아가는 여정을 시작해 보길 바란다. 글쓰기가 나처럼 여러분에게도 소중한 도구가 될 수 있을 것이다.

삶 의 벼 랑 끝 에 서

새 로 운 길 을 보 다

"어두운 밤이 오기 전에는 새벽이 오지 않는다."   – 헨리 데이비드 소로

터닝 포인트, 삶과 죽음의 갈림길

살다 보면 모든 것이 버거워져 한순간에 무너져 내리는 듯한 순간을 맞이하게 될 때가 있다. 나는 40세의 나이에 그 벼랑 끝에 서 있었다. 하루하루를 버티는 것이 너무나 힘들었고 삶을 지속할 힘도 이유도 더는 찾을 수 없었다. 머릿속에 떠오르는 유일한 선택지는 삶을 끝내는 것이었고 '자살'이라는 단어가 내 생각을 지배했다. 그것만이 끝없는 고통에서 벗어나는 유일한 길처럼 느껴졌다.

삶의 끝자락에 서서 깊은 절망 속에 문득 아이의 얼굴이 떠올랐다. 만약 내가 이 선택을 한다면, 아이는 평생 어떤 상처를 안고 살아가게 될까? '자

살한 엄마'라는 꼬리표가 아이의 삶에 붙어 다닐 것이 분명했다. 그 순간, 나는 깨달았다. 내가 자살을 생각하는 이유는 단지 고통에서 벗어나기 위함이 아니라 삶의 의미를 잃어버렸기 때문이었다.

삶의 의미가 사라진 채 나는 단순히 생존을 위한 삶을 살고 있었고 그것이 고통으로 이어진 거였다. 그 깨달음은 작은 전환점이 되었다. 어쩌면 내가 아직 찾지 못한 삶의 또 다른 길이 있을지도 모른다는 생각이었다. 그 작은 희망이 어둠 속에서 길을 잃은 나를 붙잡아 주었다.

자살을 생각하며 깨달은 진실

친정 동생의 사업자금을 빌려준 후 돌려받지 못해 신용불량자가 된 이후, 나는 빚을 갚아야 한다는 강박 속에서 살아왔다. 하루에도 3~4가지 알바를 하며 빚을 갚아 가고 있었지만, 인생에서 실패했다는 생각은 떨쳐 버릴 수 없었다. 열심히 살았는데 결과는 신용불량자라니, 그동안 나의 삶을 방치한 자책감에 괴로웠다. 살아야 할 이유를 찾지 못하던 나는 저녁마다 밥을 하면서 죽고 싶다는 생각을 했다. 그저 그런 내가 너무 싫었고 힘든 환경에서 함께 고생하는 딸을 볼 때마다 마음이 아팠다. 말하지 않으면 모를 '신용불량자'라는 꼬리표에 전전긍긍하며 주변을 의식하게 되었다.

심리학에 '인지 왜곡(Cognitive Distortion)'이라는 개념이 있다. 이는 현실을 부정적으로 왜곡하여 생각하는 패턴을 말한다. 자살을 고려할 정도로 절망에 빠진 사람들은 종종 이 인지 왜곡의 함정에 빠진다. 모든 것이 절망적이고 자신이 무가치하며 결코 상황이 나아지지 않을 거라 믿게 된다.

나 역시 그랬다. '모든 것이 내 잘못이야.', '아무도 나를 이해하지 못해.', '내 삶은 나아질 가능성이 없어.'라는 왜곡된 인식으로 가득 차 있었다. 하지만 자살을 고려하면서도 내 생각이 왜곡되어 있다는 걸 깨닫지 못했다. 현실은 내가 생각하는 것처럼 그리 절망적이지 않다는 것을 알지 못했다. 딸을 위해서라도 살아야겠는데 무엇을 어떻게 바꿔야 할지 알 수가 없었다. 나를 바꾸기 위해 나에게 던진 질문들. '왜 살아야 하는지?' 답을 해야 했다.

그동안 나를 억눌러 온 감정들과 정면으로 마주하면서 내가 진정으로 원하는 것이 무엇인지 알고 싶었다. 죽음이 아니라 삶 속에서 새로운 의미를 찾고자 했다. 그 의미를 찾기 위해서는 먼저 내 안의 부정적인 생각과 싸워 이겨야 했다. 스스로 만들어 낸 부정적인 생각의 굴레에서 벗어나기 위해 끊임없이 노력하기로 했다.

'자살'을 바꾸면 '살자!'

아이의 존재가 내 인생의 전환점이 되었다는 것은 분명하다. 내 고통과 절망이 아무리 깊어도, 아이에게 '자살한 엄마'라는 낙인을 남기고 싶지 않았다. 그 생각이 나를 붙잡아 주었다. 나는 결코 죽음을 선택할 수 없었다. 대신, 내 아이를 위해, 그리고 나 자신을 위해 새로운 길을 선택하기로 했다. 나와 아이, 그리고 남편의 마음을 더 잘 알고 싶어 사이버대학 상담심리학과에 등록했다. 그 당시에는 마치 머리가 멈춘 것처럼, 나 자신에 관한 어떤 질문에도 답을 할 수 없었다. 심지어 "저녁으로 뭘 먹지?"라는 간단한 질문에도 답을 할 수 없어 남편이나 아이에게 미루었다.

그저 사람의 마음을 알고 싶다는 막연한 마음으로 시작한 심리학 공부는 내 삶에 큰 전환점이 되었다. 심리학을 통해 인간에 대한 이해가 깊어졌고 대학 과제들은 나에게 수많은 질문을 던져 주었다. '내가 좋아하는 것', '내가 싫어하는 것', '나의 장점 100가지', '감사한 일 적기' 같은 과제들이었다. 이처럼 간단해 보이는 과제조차 정말 힘들었다. 내가 좋아하는 것을 적는 과제를 하며, 그동안 얼마나 생각 없이 살아왔는지 깨닫고 눈물이 났다. 내가 좋아하는 것을 적지 못해 남편과 아이에게 물어보는 내 모습이 한심하게 느껴졌다.

그동안 삶의 질문들을 외면하며 살아왔다는 걸 비로소 알게 되었다. 아이를 위해 시작한 이 새로운 여정은 사실 나 자신을 위한 것이기도 했다. 이제 나 자신을 무가치하게 여기지 않기로 했다. 아이의 미래를 위해서,

나 자신의 미래를 위해서 살아가야 했다.

희망은 내 안에 있다

삶의 벼랑 끝에 서서 죽음의 유혹에 사로잡힐 때, 우리는 모든 것을 포기하고 싶어지곤 한다. 그러나 바로 그 순간이야말로 우리가 진정으로 삶의 의미를 다시 찾을 기회일지도 모른다. 나는 40세의 그 순간, 내 삶의 진정한 의미를 발견했다. 그리고 그 의미를 찾아가는 길은 죽음이 아닌 오롯이 삶에 있었다. 벼랑 끝에서 나를 되돌아오게 만든 것은 내 아이였지만, 결국 그 삶의 길을 선택한 것은 다름 아닌 나 자신이었다.

나는 '인생을 포기한 엄마'로 '인생의 실패자'로 기억되고 싶지 않았다. 대신, 모든 어려움을 딛고 새로운 길을 선택한 엄마로 남고 싶었다. 이 결심이 나를 다시 삶으로 이끌어 주었고 그 결심 덕분에 이제 새로운 길을 힘차게 걸어가고 있다.

글쓰기의 힘,
나를 찾는 첫걸음

"글쓰기는 내면의 목소리를 발견하고, 그것을 세상에 내놓는 가장 강력한 도구이다."

― 조지 오웰

우리의 일상에서 때때로 마음이 무거워질 때가 있다. 이유를 알 수 없는 불안감, 말할 수 없는 외로움, 그리고 누군가에게 털어놓고 싶어도 그럴 수 없는 답답함이 우리를 짓누를 때가 있다. 이런 순간 우리는 어디서 위로를 찾을 수 있을까? 나는 그 답을 글쓰기에서 찾았다.

글쓰기를 통한 자기 치유의 시작

어린 시절부터 감정을 제대로 표현하는 것이 어려웠다. 내성적인 성격 탓에 사람들 앞에서 말하는 것도 힘들었고 종종 사람을 만나는 자리도 의도적으로 피했다. 표현하지 못한 감정은 마음속에 쌓여 갔고 예상치 못한 순간에 폭발적으로 드러나 나를 당황하게 했다.

한번은 남편을 도와 사무실 일을 할 때였다. 거래처에서 물품 대금을 입금해 주지 않아 전화를 했다. 상대방이 갑자기 "아줌마는 됐고, 사장 바꿔!"라며 소리를 질렀다. 그 순간 갑자기 말문이 막히고 눈물이 쏟아졌다. 일을 하며 여러 어려운 상황을 잘 참아 왔지만, 그날은 진정이 되지 않았다. 결국 일을 할 수가 없어 퇴근했고 아무 잘못 없는 남편과 대판 싸웠던 기억이 난다. 감정을 다스리지 못하는 내 모습에 나조차도 충격을 받았다. 우울증일까 분노조절장애일까 하는 생각까지 들었다.

그때부터 나는 감정적으로 행동하는 내 모습을 바꾸고 싶었다. 마침 읽게 된 『정서 조절 코칭 북』이라는 책에서 감정일기를 쓰는 게 도움이 된다고 했다. 처음 감정일기에는 '속상하다', '힘들다', '짜증 난다', '서운하다' 같은 감정들이 가득했다. 시간이 지나 일기를 다시 들여다보니, 나의 감정은 내가 알아주지 않았던 내 마음의 소리였다. 감정일기를 쓰면서 비로소 내가 몰랐던 감정들을 마주할 수 있었다.

감정일기로 나를 표현하다

매일 밤 일기를 쓰면서 그날의 감정을 솔직하게 적어 보았다. 처음에는 어색했지만, 점차 글을 통해 감정을 더 잘 이해하게 되었다. 감정일기를 쓰기 전에는 딸이나 남편에게 '왜 자꾸 화를 내.', '왜 성질을 내고 그래?'하는 말을 많이 들었다. 그런데 감정일기를 쓰고 난 후 감정적으로 행동하는 빈도가 줄어들었다. 소소한 일로 다투는 일도 줄어들었다는 걸 나중에 알수 있었다. 감정일기를 쓰면서 나의 감정을 건강하게 표현하는 방법을 배우게 되었다.

심리학에 '자기 表현적 글쓰기(Expressive Writing)'라는 개념이 있다. 이는 자신의 감정을 글로 표현하는 것이 심리적 치유에 큰 도움이 된다는 연구에 기반한 개념이다. 심리학자 제임스 페니 베이커(James Penne baker)는 자신이 겪은 트라우마나 스트레스 상황을 솔직하게 기록하는 것만으로도 불안과 우울감이 줄어들고 심리적 안정감을 되찾을 수 있다고 한다. 나 역시 글쓰기를 시작하면서 이런 변화를 느꼈다.

처음에는 무엇을 써야 할지 몰랐지만, 그냥 머릿속에 떠오르는 생각들, 지금 느끼는 감정들, 그날 있었던 일들을 기록하기 시작했다. 놀랍게도 그렇게 쓰다 보니 내면 깊숙한 곳에 묻어두었던 감정들이 자연스럽게 하나씩 얼굴을 드러냈다. 내가 몰랐던 감정의 근원을 발견하게 되었고 그것들을 글로 표현하면서 마음이 조금씩 가벼워졌다.

글쓰기 나 자신과의 대화

혼자서 머릿속으로 생각하던 것들을 글로 옮기면서 그동안 미처 알아차리지 못했던 내 목소리를 비로소 들을 수 있었다. 왜 그런 감정을 느끼고 있었는지 왜 그렇게 행동했는지 왜 그런 생각을 했는지 스스로 묻고 답하는 과정에서 마음이 차츰 평온해졌다.

때로는 혼란스럽고 불안정했던 감정들이 글을 통해 차분히 가라앉는 것을 느끼기도 했고 때로는 억눌려 있던 감정이 터져 나오며 눈물을 흘리기도 했다. 하지만 그 모든 과정이 내게는 치유였다. 글쓰기를 통해 나 자신을 이해하기 시작했고 감정과 생각을 자연스럽게 받아들일 수 있게 되었다. 그렇게 글쓰기는 어느새 마음의 안식처가 되었다.

글쓰기를 시작하기 전에는 알 수 없는 불안감에 시달렸다. 그러나 감정 일기를 쓰면서 그 정체 모를 불안감이 조금씩 사라지는 것을 느꼈다. 마음이 복잡할 때 혼자만의 시간 속에서 펜을 들고 감정을 쏟아 내다보면, 어느 순간 마음이 고요해지는 걸 경험할 수 있다. 마치 폭풍이 지나간 후의 고요함처럼, 글쓰기는 나의 혼란스러운 마음을 진정시키는 데 큰 도움을 주는 존재가 되었다.

4.

자신을 사랑하는 법을 배우다

"우리가 자신을 있는 그대로 사랑할 때, 세상은 우리의 진정한 모습을 비추어 줍니다."

– 루이즈 헤이

우리는 살아가면서 얼마나 자주 자신에게 지나치게 엄격해질까? '왜 나는 이것밖에 못 할까?', '왜 이리 부족할까?'라는 생각으로 스스로 몰아세우는 경험을 누구나 한 번쯤 해 봤을 것이다. 나 역시 내 안에 있는 부족함과 결점을 용서하지 못하며, 자신을 받아들이는 것이 얼마나 어려운 일인지 깊이 체감하며 살아왔다.

하지만 한없이 부족한 나를 들키지 않으려 나를 숨긴 채 살아가는 것은 결국 나 자신을 속이는 일임을 깨달았다. 자신을 사랑하는 법을 배우지 않는다면, 외부에서 아무리 인정받아도 마음의 평화를 찾기 어렵다는 사실을 알게 되었다. 요가와 심리상담을 공부하며 자기 존중과 명상을 접하게 되었고 이를 통해 자신을 사랑하는 법을 조금씩 배우게 되었다.

자기 존중과 사랑의 중요성

우리는 흔히 사랑을 외부로 향하는 감정이라 생각한다. 누군가를 사랑하고 그 사람을 위해 희생하고 애정을 표현하는 것이 사랑의 전형적인 모습이라 여긴다. 나 역시 진정한 사랑은 자신을 사랑하는 데서 시작된다는 것을 알지 못했다. 자기 존중과 자기 사랑이야말로 다른 사람에게 진정한 사랑을 줄 수 있는 기초라는 것을 깨달았다. 아이러니하게도 자신을 사랑하는 일은 많은 이들에게 가장 어려운 과제 중 하나일 것이다.

나 또한 겉으로는 스스로를 사랑한다고 말하면서도, 내면 깊은 곳에서는 부족함과 결점을 용납하지 못하고 있었다. 그로 인해 자주 괴로워했고 그 괴로움은 일상 속에 그림자처럼 드리워져 있었다. 마음이 힘들 때 내 안에서 긍정적인 에너지를 찾는 게 쉽지 않았지만, 조금씩 자신을 사랑하고 수용하는 방법을 배우며 앞으로 나아가고 있다.

자신에게 자비를 베푸는 연습

그 힘든 시기에 책을 통해 자비 명상(Metta Meditation)을 알게 되었다. 자비 명상은 나 자신과 타인에게 따뜻한 마음과 자비를 보내는 연습이다. 보통 '나 자신이 행복하기를, 건강하기를, 평화롭기를'이라는 문구를 마음속으로 반복하며 나에게 자비를 보내는 것으로 시작한다. 다음으로 그 자비를 점차 내 주변 사람들, 심지어 나와 갈등을 겪은 사람들에게까지 확장해 나간다.

처음 자비 명상을 시작했을 때 어색하고 불편했다. 스스로에게 '행복하길 바란다.'고 말하는 것이 왠지 낯설고 어색했다. 하지만 그 문구를 반복하다 보니 내 안에 있는 따뜻한 에너지를 조금씩 느낄 수 있었다. 그 에너지는 나의 부족함을 용서하고 결점을 받아들이게 해 주었다.

요가를 하면서 자비 명상을 하고 그날의 일과를 정리하는 글을 썼다. 내 감정, 내 생각, 짧은 명상을 하며 하루를 마무리했다. 명상은 5분 동안 나의 호흡에 집중하는 것으로 시작했다. 눈을 지그시 감고 들숨과 날숨을 편안하게 지켜보면서, 들숨에 긍정적인 에너지가 들어오고 날숨에 부정적인 에너지가 나간다고 상상했다. 비록 5분의 짧은 명상이지만 그 과정만으로도 마음이 편안해지는 것을 느낄 수 있었다.

또한 하루를 돌아보며 감사한 일을 적었다. 감사할 일이 없을 때는 일상의 소소한 행복을 떠올리며 감사했다. 그리고 잘하지 못한 일에 대해 스스로 비난하기보다 잘한 일을 칭찬하며 긍정적 태도를 갖기 위해 노력했다.

어른이 되면서 스스로 사랑하고 칭찬하기가 쉽지 않았지만, '사랑한다.', '잘했다.', '네가 최고다.'와 같은 긍정의 말로 스스로 자비를 베풀기 시작했다. 당장 눈에 띄는 변화를 느끼진 못했지만, 내 안에서 서서히 변화가 일어나고 있었다.

이후 상담할 때 아이들의 장점을 발견하거나 칭찬할 점을 찾는 일이 쉬워졌다. 직장 동료들도 내게 "칭찬을 참 잘한다."라는 이야기를 종종 하곤 했다. 사람에게 관심을 주면 그동안 보이지 않던 것이 보이기 시작하는 것처럼, 나에게 자비를 베풀고 관심을 기울이기 시작하니 내 안의 사랑이 서서히 싹트는 것을 느낄 수 있었다. 마치 사랑이 말로 표현되어야 의미가 더해지듯 내 안의 사랑도 글로 표현할 때 힘이 더욱 커진다는 것을 깨달았다.

자기 자비(Self-Compassion)는 자신에게 친절하고 자비로운 태도를 보이는 것이며, 이는 심리적 건강에 매우 중요한 역할을 한다. 자기 자비를 실천하는 사람들은 자기비판에서 오는 스트레스에서 벗어나 더 긍정적이고 건강한 삶을 살아갈 수 있다는 연구 결과가 많다. 자비 명상은 이러한 자기 자비를 실천하는 중요한 도구이며 내 삶에도 큰 변화를 가져다주었다.

내면의 소리에 귀 기울이기

자비 명상과 글쓰기를 병행한다면, 마음의 소리를 들을 수 있을 것이다. 나는 이를 통해 내면의 소리에 더 귀 기울일 수 있게 되었다. 이전에는 내 안의 목소리를 외면하고 오로지 외부의 시선과 평가에만 집중했지만, 이제는 나 자신을 더 잘 이해하고 받아들일 수 있게 되었다. 내면에서 들려오는 소리는 진정한 감정과 욕구를 담고 있었고 그 소리에 귀 기울이는 것이야말로 진정한 자기 사랑인 걸 알게 되었다.

삶이 힘들고 주변의 상황이 나를 짓누를 때마다 나는 자비 명상과 글쓰기를 통해 편안한 나 자신으로 돌아간다. 그 과정에서 상처가 치유되고 내면의 평화가 찾아온다. 이제는 스스로 비난하기보다는 자신에게 자비를 베푸는 법을 조금씩 배워 가고 있다. 그 작은 변화는 나의 삶 전반에 걸쳐 긍정적인 영향을 미치고 있다.

자신을 사랑하는 법을 배우고 싶다면 자비 명상과 글쓰기를 시도해 보자. 처음에는 어색하고 낯설게 느껴지겠지만, 꾸준히 연습하다 보면 내면의 변화를 느낄 수 있을 것이다. 자신에게 친절해지는 것은 결코 이기적인 일이 아니다. 오히려 그것은 우리가 진정한 평화를 찾고 더 나은 삶을 살아가기 위한 필수적인 과정이다.

스크린 속에서 나를 찾는다

"우리는 이야기 속에서 인생을 배우고, 그 속에서 나를 발견한다."

– 조지프 캠벨

영화가 주는 메시지

영화를 좋아하는 나는 가족과 함께 종종 영화관을 찾는다. 학창 시절에는 토요일마다 방영되는 주말의 명화를 기다리며 일주일을 보냈다. 방송국 사정으로 방영되지 않으면 실망이 컸다. 그때 보았던 많은 영화 중 가장 기억에 남는 영화는 단연코 〈바람과 함께 사라지다〉이다. 특히 스칼렛 오하라의 마지막 대사, "내일은 또 내일의 태양이 뜨겠지!"라는 장면이 깊은 인상을 남겼다. 다양한 영화를 보면서 위로와 감동을 받았고 강력한 스토리와 캐릭터들이 삶을 돌아보는 기회와 새로운 관점을 선물해 주었다. 영화를 오랜 시간이 지나 다시 보면 이전과는 다르게 다가오는 장면들이 있다. 같은 내용을 보지만 마치 새로운 영화를 보는 느낌이 든다.

　다시 보았을 때 더 많은 감동과 깨달음을 준 영화는 〈굿 윌 헌팅〉이다. 〈굿 윌 헌팅〉은 1997년 개봉한 영화로 주인공(맷 데이먼)은 보스턴의 MIT에서 청소부로 일하는 20세 청년이다. 그는 비범한 두뇌의 소유자로 수학 문제를 풀어내는 능력이 뛰어났다. 그러나 자신의 재능을 숨기고 평범한 삶을 살면서 술을 마시고 싸움을 벌이는 불안정한 삶을 산다. 어느 날 MIT 수학 교수가 그의 재능을 알게 된다. 그러나 윌은 과거의 상처와 트라우마로 재능을 활용하는 것을 두려워한다. 교수는 윌의 문제를 해결하기 위해 심리학자 숀(로빈 윌리엄스)을 소개한다. 상담을 통해 윌은 상처를 치유하고 자기 잠재력을 발휘할 용기를 얻게 된다. 이 영화는 자신의 문제를 극복하고 진정한 자신을 찾아가는 과정을 그린 성장영화이다.

영화 〈굿 윌 헌팅〉

　처음 영화 〈굿 윌 헌팅〉을 볼 때 윌이 수학 교수가 소개한 좋은 직장을 거절하는 것을 이해하지 못했다. 높은 보수를 받고 안정적인 삶을 왜 포기하는지 이해하기 어려웠다. 그 영화를 볼 때 나는 안정적인 직장에서 일하고 싶었다. 고졸로 제조업체 경리로 일하다 결혼 후 서울로 이사를 오면서 직장을 구하기가 쉽지 않았던 때라 그랬던 것 같다. 늦은 나이에 상담심리 전공으로 대학원을 다니면서 영화 〈굿 윌 헌팅〉을 다시 보았다. 이후로도 이 영화는 여러 번 보았다.

볼 때마다 주인공 윌 헌팅의 감정적인 부분과 심리학자 숀의 상담 장면이 인상 깊게 남았다. 여러 번의 상담 장면에서 주인공과 심리학자가 만나는 장면에 섬세한 감정 흐름과 내면적 갈등을 치유하는 장면, 윌이 자기 과거의 상처를 치유하고 트라우마를 극복해 자신이 원하는 삶을 살아가는 모습이 감동적이다. 지금 다시 보라고 해도 재미있게 볼 것이다.

영화 〈굿 윌 헌팅〉을 보면서 주인공 윌의 마음속 갈등과 성장 과정을 보며 내 감정과 고민을 이해하는 데 큰 도움을 받았다. 영화는 우리에게 시각적, 감정적 자극을 주며, 이를 통해 자신의 감정을 더 깊이 이해하고 표현할 수 있다. 영화치료 글쓰기는 영화 감상 경험을 구조화된 글쓰기 활동으로 연결한다. 이를 통해 자신의 내면을 들여다보고 치유할 기회를 얻게 된다. 결국 영화 속 캐릭터와 상황을 통해 자신의 삶을 돌아보고 더 나은 삶을 살아갈 방법을 찾을 수 있다. 이처럼 영화치료 글쓰기는 영화 감상을 통해 얻은 감정적 경험을 글로 표현함으로써 개인의 심리적 안녕과 자기 이해를 도모하는 매우 효과적인 방법이다.

영화치료 글쓰기 활용 방법

영화를 본 후 등장인물을 분석한다. 등장인물의 특징을 정리해 보는 것이다.

활동 1: 등장인물 분석

월 헌팅의 성격 분석: 월은 천재적인 두뇌를 가졌지만, 자기 능력을 감추고 방황하는 인물.

월의 변화 과정: 숀과의 상담을 통해 자신의 문제를 직시하고 재능을 활용하기로 결심.

다음으로 등장인물 중 가장 좋아하는 인물의 강점과 약점을 글로 써 본다.

예시 질문: "월 헌팅처럼 나의 강점과 약점은 무엇인가?"

강점: 창의적인 아이디어, 문제 해결 능력.

약점: 내성적 성격, 불안정한 감정.

나의 강점은 창의적인 아이디어와 문제 해결 능력이다. 하지만 내성적인 성격과 불안정한 감정이 약점으로 작용한다. 월 헌팅처럼 나도 나의 강점을 더 잘 활용하기 위해 어떻게 해야 할지 고민해 보아야겠다.

예시 질문: "내가 직면한 문제와 그 해결 방법은 무엇인가?"

문제: 대인 관계에서의 불안감.

해결 방법: 대인 관계 개선을 위한 소통 기술 연습.

나는 대인 관계에서 불안감을 자주 느낀다. 이 문제를 해결하기 위해서는 소통 기술을 연습하고 더 많은 사람과 대화를 나눌 필요가 있다. 이를 통해 불안감을 줄이고 더 좋은 관계를 맺을 수 있을 것이다.

　예시 질문: "영화를 보면서 느낀 감정에 대해 자유롭게 글을 쓰세요."

　영화를 보면서 윌의 고통과 성장을 보며 큰 감동을 받았다. 특히 숀과의 상담 장면에서 윌이 눈물을 흘리며 자신의 상처를 인정하는 장면은 매우 인상적이었다. 나도 윌처럼 내면의 상처를 치유하고 싶다는 생각이 들었다.

　예시 질문: "내가 상담을 받는다면 어떤 이야기를 하고 싶은가?"

　나: 나는 대인 관계에서 항상 불안감을 느낀다. 사람들과 친해지기 어렵고 가까운 사람들에게도 마음을 열지 못한다.

　상담사: 언제부터 그런 감정을 느꼈나?

　나: 어릴 때부터 그랬던 것 같다. 부모님과의 관계도 그리 좋지 않았고 친구들과도 쉽게 어울리지 못했다.

　예시: 미래 계획

　미래 계획: "내가 꿈꾸는 미래는 어떤 모습이며 그 미래를 위해 무엇을 해야 할 것인가?"

　내가 꿈꾸는 미래는 나의 커뮤니티를 만들고 소통하는 것이다. 대인 관계에서 더 많은 자신감을 가지고 싶다. 이를 위해 소통 기술을 연습하고 다양한 사람과의 만남을 통해 경험을 쌓아야겠다. 또한 나의 재능을 활용할 수 있는 직업을 찾기 위해 노력할 것이다.

　이와 같은 구체적인 활동을 통해 〈굿 윌 헌팅〉을 활용한 영화치료 글쓰기를 진행할 수 있다. 각 활동은 개인의 감정과 경험을 글로 표현하고 자아 성찰과 치유 과정을 돕는 데 중점을 두고 있다. 영화는 우리에게 깊은 감동과 생각할 거리를 안겨준다. 특히 심리 치유와 관련된 영화를 통해 자신의 감정을 너 깊이 이해하고 치유하는 데 큰 도움을 받을 수 있다. 어떤 영화여도 좋다. 영화를 보면서 자신이 좋아하는 캐릭터가 있다면 왜 좋아하는지, 싫어하는 캐릭터가 있다면 왜 싫은지를 자신에게 질문해 보면 자신을 이해하는 데 도움이 된다.

　영화의 장면과 인물, 문제를 다시 생각해 보면서 영화를 통해 자신과의 대화의 시간을 가져보기 바란다.

6.

치유 편지를 써 보세요

"우리의 상처는 우리가 이겨 낸 증거이며, 그것을 받아들일 때 우리는 강해진다."

– 해리엇 러너

나에게 보내는 따뜻한 위로

어린 시절 나를 생각하면, 떠오르는 대표적인 장면들이 있다. 주위는 온통 새까만 어둠뿐인 한밤중, 혼자 방에서 울고 있는 작은 아이가 있다. 통영에서도 버스로 한 시간 정도 타고 들어가야 하는 할머니 집이다. 가족은 모두 다른 방에 있다. 뭐가 좋은지 웃는 소리가 들려온다. 혼자 방에서 울고 있는 아이는 엄마가 있는 방으로 가고 싶지만, 혼자 가기엔 너무 멀고 무섭다. 밤새도록 그 아이는 누군가 와 주기를 기다렸다. 어둠 속 혼자라는 생각을 하며 아무도 자신을 사랑하지 않는다고, 버려졌다고 생각했다.

또 다른 기억은 한밤중에 경찰서에서 전화가 와서 엄마와 경찰서에 갔던 일이다. 동생은 경찰서에서 나왔지만, 엄마와 나를 뒤로하고 가버렸다. 경찰서에 갈 때는 급한 마음에 택시를 타고 갔지만, 올 때는 택시비를 아끼려 걸었다. 한밤중에 걸으면서 잠도 오고 너무 지쳐서 울고 싶었지만, 울지도 못하고 말없이 하염없이 그 밤길을 몇 시간 동안 걸었던 기억이 난다.

나의 어린 시절은 힘들었지만 힘들다고 말할 수가 없었다. 가부장적이고 엄한 아빠와 순종적인 엄마, 부모님은 자주 싸우셨다. 부모님이 싸울 때면 무서워서 이불 속에서 소리 없이 울었다. 소리를 내면 혼날까 봐 입을 틀어막고 울지만, 목구멍에서 저절로 새어 나오는 소리는 어쩔 수 없었다. 눈물 콧물 범벅으로 울고 있는 나를 들키면 안 된다는 생각으로 최대한 숨죽여 울었다. 그렇게 조심했지만, 부모님이 알게 되었을 때 그만 울음을 그치라고 하는데, 뭐가 그리 서러운지 '크윽, 크억' 이상한 소리는 계속 나왔고, 울음은 그치고 싶어도 그칠 수 없었다.

나에게 쓰는 '치유 편지'

우리는 살면서 힘든 일을 겪지만, 그 힘듦을 말하기 어려울 때가 많다. 삶의 무게에 지친 자신에게 편지를 써 보는 건 어떨까? 치유 편지라는 개념은 처음엔 낯설게 느껴지겠지만, 이내 그 안에 담긴 깊은 의미를 알게된다. 치유 편지는 단순히 글을 쓰는 행위를 넘어 자신에게 보내는 따뜻한 위로의 메시지다. 그 과정에서 우리는 마음속 고민과 아픔을 마주하고 자신을 이해하며 사랑하는 법을 배운다.

치유 편지는 자신의 감정을 솔직하게 담아 자신에게 보내는 편지다. 이는 과거의 자신에게 현재의 자신에게 또는 미래의 자신에게 보내는 글로써, 각기 다른 시간대의 나에게 필요한 위로와 격려를 전하는 것이다. 치유 편지의 목적은 단순히 글을 쓰는 것이 아니라 내면의 갈등을 해소하고 자기 자신을 이해하고 받아들이는 데 있다. 이 편지들은 우리에게 상처를 치유하고 더 나은 자신이 되기 위한 길을 열어 준다.

치유 편지의 효과

치유 편지로 마음속 깊이 억눌려 있던 감정과 생각을 표출할 수 있다. 감정의 해소와 정리를 통해 마음의 짐을 덜고 자신을 스스로 더 잘 이해하게 된다. 특히 과거의 상처와 아픔을 치유하는 데 있어서 치유 편지는 놀라운 효과를 발휘한다. 한 번은 어린 시절의 나에게 편지를 써 보았다. 그 시절의 나에게 "넌 충분히 잘하고 있어."라고 말해 주며, 과거의 상처를 어루만지고 현재의 나에게 힘을 주었다.

미래의 자신에게 편지를 쓰는 것도 마찬가지로 유익하다. 이 과정에서 우리는 자신의 목표와 희망을 구체화할 수 있으며, 이를 통해 동기 부여와 긍정적인 마음가짐을 얻는다. 나는 미래의 나에게 "넌 모든 어려움을 잘 극복하고 더 나은 사람이 되어 있을 거야."라고 말하며, 현재의 나를 격려하고 있다.

치유 편지 작성 방법

치유 편지를 쓰는 데 특별한 규칙은 없지만, 몇 가지 방법을 참고하면 도움이 될 수 있다. 먼저, 편지를 쓸 때는 솔직함과 진정성을 유지하는 것이 중요하다. 자신의 감정을 있는 그대로 표현하고 진정성 있는 글을 쓰는 것이 핵심이다. 또 구체적인 상황과 감정을 묘사함으로써 감정을 명확히 이해하고 처리할 수 있다. 마지막으로 편지의 끝에는 긍정적인 메시지를 포함해 자신을 격려하고 위로하는 것이 좋다.

예시: 과거의 자신에게 보내는 치유 편지

나는 과거의 나에게 이렇게 편지를 썼다.

"사랑하는 ○○에게,

지금 이 편지를 쓰는 나는 과거의 너를 생각하며 마음이 아프고 또 따뜻해져. 그때 너는 많은 어려움과 고민 속에서 힘들어했지. 모든 것이 혼란스럽고 어디로 가야 할지 알 수 없었을 거야. (생략) 나는 너에게 말해주고 싶어. 넌 정말 잘 버텼어. 모든 어려움 속에서도 포기하지 않고 여기까지 왔다는 것만으로도 대단한 일이야.

그 시절의 아픔과 상처는 분명히 컸지만, 그것들이 너를 지금의 나로 만들어 주었어. 그리고 나는 그런 네가 진심으로 자랑스러워. 앞으로도 많은 어려움이 있겠지만, 지금의 나처럼 너도 잘 해낼 거야. 언제나 너 자신을 믿고 너의 감정을 소중히 여기길 바라."

이 편지를 쓰면서 나는 과거의 상처를 치유하고 현재의 나를 격려할 수 있었다. 치유 편지는 나에게 감정적 치유와 성장을 선물해 주었다.

치유 편지를 써 보세요

치유 편지는 자신에게 보내는 따뜻한 위로의 메시지로 깊은 감정적 치유와 성장을 가능하게 한다. 솔직하게 자신의 감정을 표현하고 과거의 상처를 어루만지며, 현재의 자신을 격려하고 미래의 자신에게 희망을 전하는 이 과정은 우리에게 큰 위로와 힘을 준다. 치유 편지로 자신과의 대화를 이어 가며 마음의 평화와 내면의 힘을 찾아보자. 꾸준히 하다 보면 그 효과를 느낄 수 있을 것이다.

치유 편지로 과거의 상처와 감정을 정리하고 현재의 나에게 위로와 용기를 줄 수 있다. 이 과정을 통해 더 강해질 수 있으며, 자신을 스스로 사랑하고 존중하는 법을 배운다. 치유 편지는 마치 스스로와의 대화 같아서 그 대화를 통해 억눌린 감정을 표현하고 치유하는 힘을 얻는다. 편지를 쓰면서 나의 감정을 이야기해 보자. 그때의 나는 어떤 감정으로 힘들었는지, 어떤 위로의 말을 듣고 싶었는지, 부모나 친구가 어떻게 해 주기를 바랐는지를 적어 본다. 그리고 지금의 나라면 어떻게 할 것인지도 적어 보면 좋다. 이를 통해 우리는 자신을 스스로 더 잘 이해하고 과거의 감정에 사로잡히지 않고 현재를 긍정적인 마음으로 살아갈 수 있게 된다. 나를 위로하고 격려하는 작은 편지 하나가 내면의 힘을 키우고 더 나은 나로 성장하는 길을 열어 줄 것이다.

7

책 속에서 찾은 나의 목소리

> "읽고, 쓰고, 나누는 과정을 통해 우리는 성장하고, 우리의 감정을 이해
> 할 수 있다."
>
> ― 에로 네스트 헤밍웨이

정서적으로 돌봄 받지 못한 아이들

학교에서 상담하다 보면 부모의 불화로 정서적으로 돌봄을 받지 못한 아이들이 많다. 이런 아이들은 자라는 환경에서 관심과 사랑을 받지 못하면서 자신은 사랑받지 못하는 존재라고 생각하게 된다. 부모의 이혼으로 어쩔 수 없이 조부모와 함께 살게 되거나 상황에 따라 친가나 외가로 옮겨 다니며 안정적이지 못한 환경에서 유년기를 살기도 한다. 그런 아이들은 주변을 너무 의식하면서 제 생각과 감정을 드러내는 것에 힘들어한다.

그렇게 오랜 시간을 지나면서 사람과 관계에서 불편감을 느끼게 되면서

사람을 사귀거나 만나는 것을 피하기도 한다. 외부의 활동보다 내면의 자신에 대한 부정적인 생각으로 혼자만의 시간을 많이 보내게 된다. 혼자 있는 것을 편하게 느끼고 점점 친구와 대화에서 흥미를 느끼지 못한다. 생각이 많다 보니 대화에 참여하기도 어려워진다. 이런 아이들은 자신의 감정을 정확히 인식하지 못한다. 감정에 대한 물음에 단순하게 '짜증이 나요', '화나요', '슬퍼요'로 대답한다. 슬프지만 어떤 이유로 자신의 마음이 아픈지 알지 못한다.

이렇게 어린 시절 불우한 환경이 아니더라도 부모의 경제적 활동으로 인한 부재로 정서적으로 돌봄을 받지 못하는 경우도 많다. 정서적인 부분을 제외하고 부모에게 부족함 없이 받아서 자신이 왜 힘이 든지 알지 못할 수 있다. 부모 또한 '필요한 건 다 해 줬는데 뭐가 문제야.'라고 생각한다. 자녀가 관계에서 오는 불편함을 이야기하면 "쓸데없는 생각 말고 공부나 해.", "그런데 왜 신경 써, 그냥 잊어버려."라고 하면서 단순하게 넘기기도 한다.

부모의 반응에 자녀는 자신이 뭔가 잘못이라는 생각과 자신이 문제라고 생각하게 된다. 친구 관계에서 부당한 경우에도 말하지 못하고 오히려 자신이 잘못했다고 사과하기도 한다. 시간이 갈수록 부정적인 생각으로 세상과 멀어지고 혼자라는 생각에 스스로 사회적 상황을 꺼리게 된다.

책을 활용한 글쓰기

이러한 상황에 부닥친 아이들이 감정을 인식하고 표현하는 데 도움을 줄 방법의 하나는 책을 활용한 글쓰기다. 글쓰기는 아이들이 자신의 감정을 이해하고 표현하는 데 큰 도움이 될 수 있다. 아래에 책을 활용한 글쓰기 방법을 구체적으로 알아보자. 중학교 2학년의 아이가 친구도 잘 사귀지 못하는데 친구와 오해가 생겨서 말도 못 하고 속상해한다. 이 경우 어떤 책이라도 상관이 없다. 아이가 거부감을 들지 않는 그림책도 좋고 읽기 쉬운 만화도 가능하다.

책의 내용에서 아이의 경우와 비슷한 장면이 있다면 가능하다. 그림책을 선정해서 글을 써 보게 하면 좋다. 먼저 주인공을 위로해 주는 글을 쓰게 한다. "주인공의 마음은 어떨 것 같아?", "주인공에게 어떤 말을 해 주고 싶어?" 이렇게 질문을 하고 쓰기 힘들어하면 말로 하게 한 다음 글로 써 보라고 하면 좋다. 다음은 내가 주인공이라면 어떻게 할지 이야기를 나눈 후 짧게 글을 쓰도록 유도한다. 아이는 자신의 상황을 말로 표현하는 것은 힘들어하지만 제삼자의 입장이 되어서 말하고 글을 쓰는 것은 부담 없이 쓸 수 있다.

처음 글쓰기부터 시작하면 아이들은 제 생각과 감정을 표현하는 것을 어려워한다. 주인공의 감정을 잘 알지 못한다면 주인공의 감정을 유추해 보도록 하는 것도 좋다. "지금 이 주인공의 감정은 무엇일까?" 모르겠다고 하면 감정 단어를 펼쳐 놓고 먼저 시범을 보여 준다. "내 생각에 주인공의 감정은 혼자여서 슬프고 외롭고 소외감이 들 것 같아." 이렇게 먼저 예를 들어서 이야기를 한 후 아이에게 감정 단어를 보고 표현해 보도록 한다. 그 감정 카드의 감정 단어로 글을 쓰게 하는 것도 좋다.

아이가 글을 길게 쓰지 못하더라도 더 쓰도록 재촉하지 않아야 한다. 아이가 쓴 글을 읽고 이야기를 나누면 자신의 상황에 대해 생각하게 되고 타인의 입장도 생각할 수 있다. 그리고 아이가 짧게 책을 읽고 글을 쓰고 함께 이야기를 나누는 과정에서 평소 느끼지 못했던 관계에서 즐거운 경험을 하게 된다. 짧은 시간이지만 이런 작은 긍정적인 경험이 쌓이면 자신도 관계에서 잘할 수 있다는 자신감을 가지게 된다. 경험이 쌓이면서 아이들은 일상에서 감정을 표현할 힘이 생긴다. 작은 경험으로 생긴 내면의 힘은 갈등 상황에서 견딜 수 있게 한다.

다양한 감정을 경험하고 표현하는 글쓰기

책을 활용하여 감정을 인식하고 표현하는 방법은 매우 효과적이다. 글쓰기 활동들은 아이들이 자기 내면을 탐구하고 타인과의 관계에서 오는 불편감을 극복하는 데 큰 도움이 된다. 꾸준한 글쓰기 습관은 시간이 지나면서 아이들의 정서적 성장에 도움을 준다. 단순한 글쓰기 활동을 넘어 자신의 감정을 건강하게 표현하고 타인과의 관계에서 더 나은 이해와 소통을 할 수 있다.

또 다양한 책을 통해 다양한 감정을 경험하고 이를 글로 표현함으로써 아이들은 자신감을 키우며 생각과 감정을 명확하게 전달할 수 있는 능력을 갖추게 된다. 따라서 아이들의 감정 인식과 표현을 돕기 위해 책을 활용한 글쓰기를 적극적으로 권장한다. 이는 아이들의 정서적 안정과 성장을 위한 중요한 도구가 될 것이다. 꾸준한 실천을 통해 아이들은 자신을 더 잘 이해하고 타인과의 관계에서 더 나은 소통을 이뤄내며 건강한 성장을 이룰 수 있을 것이다.

8

글쓰기,
나만의 콘텐츠가 되다

"글쓰기는 자신을 이해하는 과정이며, 동시에 세상과 소통하는 창이다."

\- 빅터 위고

처음 글쓰기를 시작했을 때 단순히 생각을 전달하는 거로 생각했다. 하지만 시간이 지나면서 글쓰기는 그 이상의 의미를 지닌다는 것을 깨달았다. 글쓰기는 내 마음속 깊은 곳에 숨겨져 있는 이야기와 감정을 끄집어내고 그것들을 세상과 공유하는 창조적인 작업인 것을 알게 되었다. 처음 글쓰기에서는 무엇을 써야 할지를 몰랐다. 단 몇 줄도 쓰지 못해서 책을 읽고 생각과 느낌을 적는 것부터 시작했다. 단순히 내 생각을 몇 줄 적어 놓고 혼자서 뿌듯해하기도 했다. 이후 책을 읽고 책 리뷰를 쓰면서 평소보다 책을 많이 읽게 되었다. 짧지만 나만의 생각과 느낌을 쓰는 것이 글쓰기에 도움이 되었다고 생각한다.

글쓰기로 콘텐츠를 찾다

처음 한 줄도 쓰지 못하던 내가 이젠 블로그에 꾸준히 나만의 콘텐츠를 쓸 수 있게 되었다. 그동안의 치유 글쓰기를 통해 과거의 나를 정리하는 시간을 가졌고 내 안에 나와 만나는 시간으로 완전한 나로 살아가는 것에 대해 알게 되었다. 무엇을 하고 싶은지, 어떤 삶을 살고 싶은지, 어떤 일을 할 때 행복한지, 수많은 질문에 답을 하고 그것을 글로 써 왔다. 어떤 글은 글쓰기라기보다는 낙서와 같았다. 그런 과정이 없었다면 오늘의 내가 없었을 것이다. 처음에는 어색하고 부족했지만, 꾸준히 글을 쓰면서 나만의 목소리를 찾았다.

집 안 청소도 미루고 제때 하지 않으면 정리되지 않는다. 그로 인해 생활에 불편함과 방해가 되는 것처럼, 우리의 삶도 정리의 시간이 필요하다. 글쓰기는 삶의 청소와 정리 정돈과도 같다. 버려야 할 것은 버리고 소중하게 간직해야 하는 것은 따로 정리한다. 낡은 기억도 잘 닦아서 새롭게 하는 것이 필요하다. 이 과정을 글쓰기를 통해 할 수 있다. 나는 다양한 글쓰기를 통해 삶을 정리할 수 있었다. 그 속에서 쓰고 싶은 나만의 이야기를 찾았다. 누구에게 전해 주고 싶은지 어떤 이야기를 해 줄 것인지에 대한 고민을 매일 삶 속에서 하고 있다.

나에게 사춘기는 특별했다. 지금은 특별했다고 말할 수 있지만, 그 당시의 나에게는 혹독한 시간이었다. 세상에 대한 호기심과 질문들, 끝없는 방황과 외로움, 성장의 욕구로 가득 찬 날이었다. 그 시기를 지나고 딸의 사춘기를 맞이하면서 나의 사춘기가 다시 떠올랐다. 나와 다른 딸의 사춘기로 딸을 이해하고 싶은 마음에 공부를 시작했다.

나만의 경험과 지혜는 콘텐츠가 된다

대학원에서 심리상담을 전공하면서 딸을 이해하는 데 많은 도움이 되었다. 가족이라는 이유로 행해지는 보이지 않는 폭력을 해결하려 노력했다. 조금 더 나은 부모로서 조금 더 나은 어른이 되고자 했다. 다른 세대, 다른 성격의 딸이 더 나은 삶을 살 수 있도록 도와주는 어른이고 싶었다. 사춘기 딸이 자아상을 잘 만들어 미래의 자신에게 당당한 삶을 살길 바라는 마음이었다.

심리상담사이자 상담교사가 된 지금은 사춘기 아이들이 자신의 정체성을 확립하고 삶을 잘 살아가도록 돕는 사람으로 살고 싶다. 그래서 그동안 아이의 고민을 함께하면서 알게 된 경험을 필요한 사람들에게 나누고 싶은 마음으로 콘텐츠를 만들어 가고 있다. 나의 콘텐츠는 사춘기 자녀를 둔 부모의 성장을 돕는 게 목표다. 사춘기 자녀의 심리를 이해할 수 있도록 하고 자녀와의 관계를 회복할 수 있도록 돕는다. 그리고 부모의 마음 성장이 자녀가 미래를 위해 건강하고 행복하게 살아갈 수 있도록 돕는 것이다.

심리상담사로 살아온 경험, 심리전공으로 배운 지식 그리고 학교 현장에서 학생과 학부모의 고민과 심리적 어려움을 해결할 수 있는 글을 쓰고 있다. '부모마음성장연구소'의 콘텐츠는 부모와 자녀의 감정 상담과 심리코칭, 마인드 코칭 3가지 서비스를 제공하고 있다. 사춘기의 자녀를 둔 부모나 사춘기를 앞둔 부모의 자녀 양육에 도움이 될 것이다.

글쓰기로 세상과 소통하다

글을 쓰지 않을 때와 글을 쓰고 있는 나는 아주 다르다. 글을 쓰지 않을 때 나는 나에 대한 자신감이 없었고 나에 대한 물음에 답하지 못했다. 지금은 나의 삶이 명확해진 느낌이다. 블로그에 콘텐츠를 하나씩 올릴 때마다 나의 글에 관심 가져주는 사람이 있어 좋다. 글을 읽어 주는 것도 감사한데 응원의 메시지까지 남겨주는 사람들이 있다. 이렇게 관심 주는 사람들을 위해 콘텐츠 글쓰기를 게을리하지 말아야겠다고 다짐한다. 이제는 목표를 가지고 콘텐츠 글쓰기를 계속 이어 가고 있다. 나의 경험과 지식을 창작하여 콘텐츠를 만드는 것은 매일 나에게 힘이 된다. 오늘은 어떤 이야기를 쓸지 고민하는 것이 힘들 때도 있지만 막상 하나의 콘텐츠를 올린 후 다시 읽을 때면 뿌듯하다.

앞으로도 꾸준히 나만의 콘텐츠를 만들어 갈 것이다. 독자들의 따뜻한 격려와 소중한 피드백은 또다시 글을 쓸 힘이 된다. 독자들과의 소통을 통해 글의 부족한 부분을 개선하고 더 나은 글을 쓰도록 노력할 것이다. 글쓰기는 나만의 이야기를 세상과 나누는 소중한 방법이다. 글을 통해 다른 사람들과 연결되고 공감하고 함께 성장할 수 있다고 믿고 있다. 앞으로도 나는 글쓰기를 통해 나의 꿈을 향해 나아가고 세상에 긍정적인 영향을 미치도록 노력할 것이다.

이창임 작가가 전하는 글쓰기로 성장하는 비결

✤ 글쓰기는 자신을 이해하고 내면의 목소리를 발견하는 강력한 도구이다. 스스로 솔직해지고 나의 감정과 욕구를 알아가며 진정으로 원하는 삶을 찾기 위해 오늘부터 글을 써 보자.

✤ 글쓰기를 통해 마음의 상처를 마주하고 삶의 의미를 발견해 보자.

✤ 글쓰기로 내 감정을 솔직히 마주해 보자. 그 과정을 통해 마음의 평화를 찾을 수 있다.

✤ 자비 명상과 글쓰기를 통해 스스로 사랑하는 법을 배워 보자. 내면의 소리에 귀 기울이는 것이 진정한 평화로 가는 첫걸음이다.

✤ 영화 속 캐릭터와 상황을 통해 나를 돌아보자. 영화 속 인물을 분석하고 나와 연결 지어 글로 표현하며 내 감정을 글로 써 보자.

✤ 과거의 나에게 치유 편지를 써 보자. 솔직한 감정을 담아 상처를 어루만지고 현재의 자신을 격려하는 힘을 느껴보자.

✽ 책 속 주인공이 되어 글쓰기를 해 보자. 주인공의 감정을 이해하고 글로 표현하며, 자신을 돌아보고 감정을 인식하는 힘을 키울 수 있다.

✽ 글쓰기는 나의 경험과 감정을 정리해 나만의 콘텐츠로 세상과 소통하며 성장하는 과정이다.

제5장

AI와 SNS로 확장하는
나의 글쓰기

김민경

SNS 글쓰기를 시작으로
AI 강사가 되다

나는 삶의 흔적을 남기고 사랑받았던 순간들을 기록하기 위해 글쓰기를 시작했다. 글쓰기는 나를 돌아보고 삶의 의미를 찾는 중요한 여정이다. 당신은 인생의 마지막 순간에 남기고 싶은 말이나 듣고 싶은 말이 있는가? 영화 〈내가 죽기 전에 가장 듣고 싶은 말〉에서는 주인공 해리엇이 아주 고약한 늙은 여자로 등장한다. 그녀는 자신이 죽은 후 완벽한 사망 기사를 위해 여정을 시작한다. 단순히 외적 성취만이 아닌 자신이 살아온 삶이 타인에게 어떻게 기억될지에 대한 고민을 하며 동료들의 칭찬과 가족의 사랑 그리고 누군가에게 영향을 끼칠 방법을 찾기 시작한다.

이 영화를 보고 나서 나 역시 내 마지막 순간을 상상해 보았다. 죽기 전 사랑하는 사람들과 함께 행복했다고 말하며 잘 살았다는 말과 함께 나를 기억해 주길 바라는 마음이 생겼다.

"동물은 죽어서 가죽을 남기고 사람은 죽어서 이름을 남긴다."라는 말이 있다. 나는 무엇으로 기억하게 할 수 있을까? 사진으로 남길 수도 있지만, 사진 찍는 것을 좋아하지 않기에 기록이 충분하지 않을 것 같았다. 그래서 글을 쓰기 시작했다. 글쓰기에 소질은 없지만 나 자신을 되돌아보고 나를 알아가는 과정에서 삶을 기록하고 진정한 나를 찾고자 했다. 글쓰기는 단순한 취미가 아니라 인생을 기록하고 자신을 스스로 돌아보는 수단이 되었다.

평범한 직장인의 글쓰기 도전기

나는 평범한 직장인이다. 타인보다 나 자신을 더 모른 채 일에 치여 살아왔다. 글쓰기에 관심을 가진 계기는 책을 읽으면서 블로그에 서평을 잘 써서 서평단에 참가하고 싶기도 했지만, 책을 읽고 강의를 듣고 시간이 지나면 잘 기억나지 않는 좋은 내용을 계속 기억하기 위해 시작했다.

요즘 AI를 배우고 온라인 강의를 하면서 인용하고 싶었던 말이나 중요한 내용을 강의 중에 기억하지 못해 아쉬운 순간들이 많았다. 이를 계기로 책과 강의 내용을 메모하고 요약 정리하며 기록 글쓰기가 시작되었다. 처음에는 무작정 받아쓰거나 베껴 쓰는 일이 많았지만 '김 교수의 세 가지'라는 유튜브 채널을 보면서 요약 방법과 글쓰기 기법을 익혔다. 강은영 작가님이 운영하는 글쓰기 과정에도 참여하면서 내 생각을 블로그에 작성하며 연습하기 시작했다.

블로그에 글을 쓰다 보니 재미가 있었다. 체험단 활동을 통해 맛있는 식당에서 밥을 먹거나 결혼식을 준비하며 예식장 관련 글을 작성해 할인도 받았다. 블로그 글쓰기는 생활비를 절약하는 데 도움을 주었고 일상에 작은 보람을 더해 주었다. 바빠서 책을 읽고 글을 쓸 시간이 없다는 것은 핑계다. 나도 바쁘다는 핑계로 미루었던 글쓰기를 생활비와 결혼식 비용을 아껴 보자는 실용적인 이유가 생기니 하게 되었다.

글쓰기는 이렇게 일상에서 나의 작은 성취를 발견하고 의미 있는 기억으로 남길 수 있는 도구가 되었다. 당신도 글쓰기를 시작하고 싶다면 자신만의 이유와 목표를 만들어 보자. 그러면 한결 수월하게 시작할 수 있을 것이다.

당신의 꿈을 글로 실천하라

자신에 대해 알아가고 싶은가? 당장 수입을 늘리기는 어렵지만 부수입이라도 만들어 보고 싶은가? 그렇다면 시간이 없다는 핑계 대신 자투리 시간을 이용해 글쓰기를 시작해 보길 바란다. 나 역시 글쓰기에 재능이 없고 어렵게 느껴졌지만 시작하면서 생각보다 어렵지 않다는 걸 알게 되었다. 하루에 단 한 줄이라도 써 보자. 글쓰기는 대단한 것이 아니다. 단지 당신의 생각을 한 줄씩 적어 내려가는 것에서 시작된다.

앞으로 내가 글을 쓰며 느꼈던 것들, 어떻게 글을 써야 하는지, AI 콘텐츠 강사로서 AI를 글쓰기에 어떻게 활용하는지에 대해 이야기하려고 한다. 글쓰기를 통해 나를 알아가고 성장한 과정을 솔직하게 공유할 것이다. 글쓰기는 여전히 쉽지 않은 과정이지만 내가 지금까지 해 온 과정을 함께 한다면 나처럼 글을 쓰고 있는 당신의 모습을 발견하게 될 것이다.

하루 한 줄로 시작된 글쓰기는 삶을 변화시키는 첫걸음이 될 수 있다. 꿈은 그저 바라보거나 상상하는 것만으로 이루어지지 않는다. 꿈을 행동으로 옮기지 않으면 언제나 그 자리에서 머물 뿐이다. 오랫동안 꿈을 꾸고 행동으로 옮겨 온 사람은 결국 그 꿈을 이룬다. 그래서 나는 글쓰기를 시작했고 그 과정에서 진정한 나를 발견하고 성장할 수 있었다. 이제 당신의 바람을 실천할 때이다.

2.

감사일기로
삶의 가치를 깨닫자

"세상에서 가장 사랑받는 사람은 모든 사람을 칭찬하는 사람이요. 가장 행복한 사람은 감사하는 사람이다."
— 탈무드

당신은 행복한 사람이라 생각하는가? 아니면 불행한 사람이라 생각하는가? 타인에 대한 불신과 낮은 자존감으로 눈치를 보고 삶에 대한 의미도 모른 채 무의미한 하루하루를 보내던 나는 점차 의욕을 잃어 갔다. 이렇게 살아서 뭣하나 싶다가도 지금까지 잘 살았다고 말할 수 있는 삶을 살아보고 싶다는 오기가 생겼다.

삶은 마법처럼 하루아침에 긍정적으로 변하지 않는다. 불행이 단숨에 행복으로 바뀌지도 않는다. 그러나 아무리 힘들고 어려운 순간이 닥치더라도 살아 있다는 것에 감사하며 행복을 향해 나아갈 끈기와 노력이 필요하다. 나는 매일 아침 눈을 뜨며 살아 있음에 감사하는 마음으로 하루를 시작하기로 했다. 그렇게 삶의 가치를 조금씩 깨닫게 되었다.

처음 감사일기를 쓰기 시작했을 때는 감사할 일을 한 가지 적는 것도 어려웠다. 그래서 명상 유튜브에서 들은 "오늘 아침에도 깨어남에 감사합니다."라는 문구만 며칠 동안 반복해서 적었다. 이 문구를 매일 적다 보니 이전에는 아무 생각 없이 출근하던 날들이 조금씩 다르게 느껴지기 시작했다. 당연했던 일들이 더는 당연하게 느껴지지 않았다. 엄마가 아침 일찍 일어나 밥을 해 주시는 것도 일을 할 수 있는 직장이 있음도 사지 멀쩡하게 태어나 큰 사고 없이 살아온 것 또한 감사한 일이었다. 작은 것 하나에도 감사할 마음을 가지게 되었고 점차 삶에 긍정적인 시각을 갖게 되었다. 감사일기는 단순한 기록이 아닌 삶을 바라보는 나의 태도를 변화시키는 시작점이었다.

감사해야 하는 이유

감사를 하면 스트레스와 우울감을 줄이고 타인과의 비교에서 벗어나며 관계에서도 긍정적인 상호작용을 통해 자존감을 높일 수 있다는 연구 결과가 있다. 감사하며 사는 사람들은 그렇지 않은 사람보다 평균 7년을 더 오래 산다는 연구도 있다. 감사일기를 작성하면 수면의 질이 향상되고 긍정적인 태도가 뇌에 변화를 일으켜 학업이나 직장에서 더 높은 성과를 보일 수 있다는 결과도 있다. 이렇듯 감사일기는 삶에 대한 긍정적인 태도와 진정한 행복을 키워 가는 데 중요한 도구가 된다.

감사일기 작성법

감사일기는 의식적인 습관을 통해 삶의 작은 기쁨을 발견하고 긍정적인 변화를 만들어 갈 수 있게 한다. 당신도 오늘부터 감사일기를 통해 인생을 좀 더 빛나게 만들어 보길 권한다.

1. 정해진 시간에 작성하기: 꾸준한 습관을 형성하기 위해 매일 같은 시간에 작성하기. 처음 21일 동안은 정해진 시간에 쓰는 것이 좋은 습관을 형성하는 데 도움이 된다.

2. 감사한 순간 찾기: 일상에서 크고 작은 감사한 순간들을 찾아 기록하기. 하루에 단 한 가지라도 좋다.

3. 상세하게 기록하기: 감사한 순간이 언제, 어디서, 왜 생겼는지 구체적으로 작성하기. 이렇게 하면 글쓰기 능력도 키우게 되고 감정 표현도 풍부해진다.

4. 긍정적인 마음가짐: 긍정적인 마음가짐으로 상황을 바라보며 글쓰

기. 어려운 상황 속에서도 감사할 요소를 찾으려는 시도를 통해 더 밝은 시각을 가지게 된다.

5. 이야기 나누기: 가족이나 친구, 또는 커뮤니티를 만들어 감사일기 공유하기. 서로의 경험을 나누면 감사의 힘을 더욱 실감하게 된다.

6. 챗GPT 활용하기: 감사할 일을 찾기 어렵거나 글을 시작하기 어려울 때는 챗GPT에 도움 요청하기. "오늘 감사할 만한 일이 무엇이 있을까?"라고 질문하거나 이미 작성한 일기 내용을 다듬는 데 도움을 받을 수도 있다. 챗GPT와의 대화를 통해 감사할 순간들을 더 쉽게 발견하고, 글쓰기를 더욱 풍부하게 만들 수 있다.

하루하루 빛나게 살고 싶다면

세상에 당연한 것은 없다. 감사일기를 쓰기 전까지 나는 모든 것을 당연하게 여기며 의미 없이 시간을 보냈다. 그러나 감사일기를 통해 점진적으로 긍정적인 사고방식을 가지게 되었고 작은 것 하나에도 감사할 줄 아는 사람이 되었다. 이전에는 무의미해 보였던 하루가 이제는 소중한 시간이고 살아 있음에 감사한 일이 되었다. 숨을 쉴 수 있다는 것, 사랑하는 사람들과 함께할 수 있다는 것, 이 모든 것이 얼마나 감사한 일인지 매일 새롭게 느끼고 있다.

긍정적인 삶을 살고 싶다면 감사일기를 시작해 보라. 처음에는 어색하고 어렵게 느껴질 수 있지만, 감사일기를 통해 삶의 진정한 의미와 가치를 깨닫고 긍정적인 사고로 변해 가는 과정을 경험해 보길 바란다. 어느 순간 당신의 삶이 마치 오로라처럼 아름답고 풍요롭게 빛나게 될지도 모른다.

자기 존중감을 높이는
감정일기

나도 몰랐던 감정 마주하기

사람과의 관계에서 불편한 상황은 언제든 발생할 수 있다. 당신은 그런 상황에서 어떻게 감정을 표현하고 행동하는가? 감정일기를 통해 자신의 감정을 들여다보면 내면을 분석할 수 있다. 감정일기는 자기 이해와 자존감 향상을 위한 훌륭한 도구가 된다. 매일 감정을 기록하며 그동안 알아차리지 못했던 감정과 행동 패턴을 발견할 수 있다.

혹시 타인의 인정을 받기 위해 자신의 욕구를 억누르거나 기대를 충족시키지 못할까? 불안해하며 관계를 유지하려고 노력하고 있는가? 그렇다면 감정일기를 써 보자. 나 역시 타인의 기대에 부응하지 못할 때 화나고, 자책하고, 불안감에 시달렸던 경험이 있다. 감정일기를 통해 나의 감정을 마주하며 모든 사람에게 인정받기 위한 감정 소비 대신 어제보다 성장한 오늘의 모습을 인정하고 자기 존중감을 높이는 만족감에 집중하기로 했다.

감정일기의 이점

감정일기는 감정을 안전한 공간에서 자유롭게 표현하도록 돕고 억눌린 감정을 해소해 심리적 부담을 줄여준다. 자신의 감정을 명확히 인식하고 이해할 수 있게 하여 더 잘 받아들일 수 있는 기반을 마련한다. 감정을 인식하면서 자기 행동 패턴과 감정의 변화를 명확하게 인식할 수 있게 되면 타인의 기대보다 자신의 필요를 우선할 수 있는 용기를 얻게 된다. 나도 이를 통해 자기 존중감이 높아졌고 이제는 타인의 기대보다 나의 필요를 존중하는 법을 배우게 되었다.

감정일기를 쓰며 점차 모든 감정을 긍정적으로 수용하는 습관을 들이다 보면 자기 존중감은 자연스럽게 향상된다. 더불어 감정을 글로 표현하는 훈련을 통해 실제 상황에서도 자신의 의견을 더욱 당당하게 주장할 힘을 기르게 된다.

감정일기 작성법

1. 매일 정해진 시간에 일기 쓰기: 하루를 마무리하며 감정을 정리하는 시간 갖기.
2. 구체적인 기록: 그날 느낀 감정을 구체적으로 기록하기. 언제, 어디

서, 누구와 어떤 상황에서 그런 감정을 느꼈는지 자세하게 기록하기.

3. 감정 평가: 감정의 강도를 1에서 10까지의 척도로 평가해 감정의 변화를 객관적으로 파악하기.

4. 자기 돌봄: 감정을 돌보는 방법도 함께 기록하여 나를 보살피는 방법 배우기.

처음에는 모든 감정을 받아들이기 어렵겠지만 시간이 지나며 모든 감정을 깊이 이해하게 될 때 감정일기는 든든한 동반자가 될 것이다.

감정일기 예시

오늘 하루를 마무리하며 감정을 정리하는 시간을 가졌다. 치과에 들른 후 아는 동생을 만나기 전에 시간이 남아 핸드폰 액정 필름을 교체하러 갔는데 직원이 필름을 떼다 실수로 핸드폰 액정에 손상이 갔다. 직원은 "며칠 후 자연스럽게 복구될 것"이라며 나중에 문제가 있으면 연락하라고 했다. 집으로 돌아오는 길에 '굳이 필름을 지금 바꿀 필요가 있었을까?'라는 생각에 깊은 후회가 밀려왔다.

감정 평가: 후회의 강도는 8로 상당히 강했다.

자기 돌봄: 집에 도착해 남편에게 오늘 일을 이야기하며 위로를 받았다. 이미 지나간 일은 어쩔 수 없음을 받아들이며, 만일 며칠 후에도 문제가

남아 있으면 연락하기로 결심했다. 감정을 글로 정리하고 나니 마음이 조금은 편해졌다.

감정일기를 쓰며 후회의 늪에서 빠져나올 수 있었고 하루의 기분이 조금은 가벼워졌다. 이런 과정을 통해 내 감정을 더 깊이 이해하고 돌볼 수 있었다.

글쓰기를 통한 자기 치유

내게 감정일기는 자기 치유의 과정이다. 마음속 응어리진 감정들을 글로 풀어내며 상처를 치유할 수 있다. 글을 통해 부정적인 경험을 정리하면서 고통을 재구조화할 수 있고 쌓여 있던 스트레스와 불안감을 해소할 수 있다.

또한, 하루를 마무리하며 글을 쓰는 시간은 나 자신과의 대화 시간이다. 나는 오랫동안 갇혀 있던 자아를 발견하고 치유하며 더 강해졌다. 이제는 타인의 기대에 흔들리지 않고 나 자신을 소중히 여기며 하루하루 성장하는 나를 발견하고 있다.

앞으로도 감정일기를 꾸준히 써서 더욱 건강하고 통합된 자아를 만들어 나갈 것이다. 감정일기는 나를 알아가고 사랑하는 영원한 동반자가 되어

줄 것이다. 지속적인 자기 성찰과 글쓰기를 통해 당신도 진정한 자기 이해
와 자존감을 경험하길 바란다.

4.

글쓰기로

진정한 나를 만나다

글쓰기를 시작하고 몇 달이 지나자 내 삶에 작은 변화가 생겼다. 매일 생각과 감정을 기록하면서 과거와 현재의 나를 비교하며 무엇이 변화하고 있는지, 어떤 고민을 안고 있는지 점차 명확해졌다. 글쓰기는 복잡했던 감정을 정리하고 내면 깊이 숨겨진 감정의 원인과 의미를 이해하는 데 중요한 역할을 한다. 덕분에 나 자신에게 더 큰 위안을 얻게 되었고 삶을 더욱 의미 있게 만들어 가고 있다.

자아 탐색의 과정은 자기 이해와 성장을 위한 중요한 여정이다. 이 여정에서 글쓰기는 나의 진정한 모습을 찾고 나 자신과 대화하는 도구이다. 특히 자기 탐색 질문에 답하거나 일상을 기록하는 과정은 자신을 깊이 이해하고 새로운 통찰을 얻는 데 큰 도움을 준다.

챗GPT를 활용한 자기 탐색의 방법

글쓰기와 자아 탐색 과정에서 챗GPT와 같은 AI 도구는 생각과 감정을 정리하는 데 유용한 도움이 될 수 있다. 다양한 방식으로 챗GPT를 활용하면 더 풍부하고 의미 있는 자기 탐색 경험을 만들 수 있다.

1. 자기 탐색 질문에 관한 대화 도우미

챗GPT가 던지는 질문에 답하며 대화형 글쓰기를 시도해 보자. 예를 들어 "오늘 가장 기쁜 순간은 무엇이었나요?"와 같은 질문을 통해 내면의 감정을 글로 표현해 보면, 일상에서 놓치기 쉬운 기쁨과 만족을 발견할 수 있다.

2. 감정표현 훈련

감정을 글로 표현하는 것은 자아 탐색의 중요한 부분이다. "기분이 우울한데 이런 감정을 좀 더 잘 이해하고 표현하는 방법을 알려 줄 수 있나요?"와 같은 질문을 해 보자. 챗GPT는 감정을 표현하는 적절한 단어를 제안하거나 감정의 원인을 분석하는 질문을 던져줄 수 있다.

3. 가치관 탐구

자신의 가치관을 탐구하고 이를 바탕으로 삶의 방향을 설정하는 데 도움을 받을 수 있다. 예를 들어 "나의 가치관을 기반으로 한 결정을 내리기 위해 어떤 질문을 던지면 좋을까요?"와 같은 질문을 통해 챗GPT는 다양한 가치 탐구 질문을 제시하거나 이를 바탕으로 결정을 내리는 데 도움을 줄 수 있다.

자기 이해하기

자기 이해하기는 자신에 관해 깊이 탐구하고 자신의 감정, 생각, 행동, 가치, 강점과 약점을 명확히 인식하는 과정이다. 이를 통해 더 나은 결정을 내리고 더욱 의미 있는 삶을 살 수 있게 된다.

자기 탐색 과정을 통해 자신을 잘 이해하면 자신의 가치와 목표에 맞는 선택을 할 수 있고, 자신의 감정을 인식하고 이해함으로써 더 효과적으로 감정을 관리하고 스트레스를 해소할 수 있다. 또한 자신을 이해하면 타인의 입장도 더 잘 이해하게 되어 깊고 의미 있는 관계를 맺을 수 있게 되며, 강점과 약점을 인식하고 이를 바탕으로 성장과 변화를 계획할 수 있다. 나는 한때 "너답지 않아."라는 말을 들으면 '대체 나다운 게 뭐지?'라는 생각에 상대방의 말에 휘둘리며 사람들의 시선을 의식해 나의 부족함을 감추기 위해 가면을 쓰곤 했다. 그러나 이제는 다른 사람의 시선보다 자신을 이해하고 후회를 줄이고 삶의 만족도를 높이는 것이 중요하다는 사실을 깨달았다.

자기 이해를 위한 방법

1. 자기 탐색 질문을 통해 자기 내면을 탐구하기.
2. 자신의 감정, 생각, 하루의 경험을 기록하며 자신을 돌아보는 시간을 갖기.
3. 타인으로부터의 피드백을 받아들이고, 이를 통해 자신을 객관적으로 바라보는 연습하기.
4. 명상과 반성의 시간을 통해 자기 생각과 감정을 차분히 정리하기.

자기 탐색을 위한 질문 예시

자기 탐색을 위해 다음과 같은 질문에 답하며 글을 써 보는 것도 좋은 시작이 될 것이다.

Q. 내가 가장 행복했던 순간은 언제였고 그 이유는 무엇인가?

이 질문을 통해 기쁨과 행복의 원천을 발견하고 이를 글로 남기면 긍정적인 감정을 되새길 수 있다.

Q. 나는 어떤 상황에서 가장 큰 성취감을 느끼는가?

성취감을 느꼈던 순간을 떠올리며 나의 열정과 동기를 찾을 수 있다. 이를 통해 자기 계발에 대한 글을 쓸 수도 있다.

Q. 내가 가장 두려워하는 것은 무엇이며 그 이유는 무엇인가?

두려움의 원인을 파악하고 분석하면 더 깊은 내면 탐구가 가능해지며 이는 성장에 관한 글쓰기로 이어 갈 수 있다.

이 과정을 통해 자신에 대한 명확한 이해로 자신감을 높이고 자신의 가치관과 목표를 더욱 명확히 할 수 있으며 목표를 달성하기 위한 전략으로 성장의 기회를 만들어 낼 수 있다. 또한 삶의 만족도를 높이고 타인과의 관계에서 더욱 진솔한 소통이 가능해진다.

글쓰기는 자기 탐색의 강력한 도구로 자기 이해와 성장을 촉진하는 중요한 역할을 한다. 일상에서 글쓰기를 통해 자기 내면을 깊이 들여다보고 감정과 생각을 정리해 보면 나 자신과 더욱 친밀해질 수 있다. 챗GPT를 활용한 자기 탐색은 스스로 깊이 생각할 수 있는 기회를 주고 피드백을 통한 사고 확장과 창의적 사고를 자극하며 문제 해결 능력을 개발하는 데도 도움을 준다. 여러분도 글쓰기를 통해 자신의 진정한 모습을 발견하는 여정을 시작해 보는 것은 어떨까?

기록의 힘,
일상에서 나를 발견하다

삶의 대부분은 작은 순간들로 이루어져 있다. 사소한 일상의 순간을 꼼꼼히 기록하는 것은 자신을 깊이 이해하고 삶의 의미를 발견하는 데 큰 도움을 준다. 매일 반복되는 일상에서 기록을 통해 많은 것을 배울 수 있다. 다양한 상황에서 내가 어떤 감정을 느끼고 어떻게 행동하는지 기록하다 보면 나의 성향, 강점과 약점을 점차 알게 된다.

나 역시 일상 기록을 통해 사람들과 충돌을 피하려는 성향과 목표 달성을 위해 노력하는 추진력이 있다는 것을 발견했다. 일상에서 마주한 어려움과 그 극복 과정을 기록하면서 스스로 성장하고 있다는 사실을 실감할 수 있었고 기록을 통해 매 순간의 소중함도 깨달았다. 아침 공기의 상쾌함, 친구와의 따뜻한 대화처럼 일상의 작은 기쁨을 기록하며 삶에 대한 감사와 만족감이 더해졌다.

다이어트 목표 달성을 위한 기록과 챗GPT의 도움

일상 기록은 꿈과 목표를 이루기 위한 과정에서도 중요한 역할을 한다. 매일, 매주, 매월 기록을 통해 진행 상황을 평가하고 목표 달성에 필요한 구체적인 행동을 설정할 수 있다. 예를 들어, 다이어트를 목표로 삼았다면 몸무게, 식단, 운동을 기록하며 잘못된 습관을 개선하고 성취감을 얻을 수 있다.

남편과 연애 시절, 불규칙한 생활과 야식으로 체중이 늘면서 다이어트를 결심한 적이 있다. 하지만 그로부터 2년 전 헬스장을 다니며 홈트레이닝에 도전했음에도 목표를 달성하지 못했다. 단지 다이어트를 하고 싶다는 마음만 있었을 뿐 구체적인 목표와 계획을 세우지 않았기 때문이다. 기록의 중요성을 깨달은 후 챗GPT의 도움을 받아 다이어트 목표와 구체적인 계획을 세워 다이어트를 시작했다.

일일 목표를 기록하고 습관화하기 위해 '지니어트' 앱을 사용하여 매일 몸무게와 식단을 기록하고 물을 마실 때마다 기록하며 수분 섭취를 습관화했다. 정해진 식단을 어겼을 때도 기록하여 스스로 경각심을 가질 수 있었다. 출근 전과 퇴근 후 운동을 30분 이상 실천하는 루틴을 세우고 매일 기록하다 보니 어느새 7kg을 감량하는 성과를 얻게 됐다.

목표 달성을 위한 기록법

기록은 목표를 체계적으로 세우고 달성하는 데 있어 강력한 도구다. 기록을 통해 연간, 월간, 주간, 일간 목표를 구체적으로 나누고 실천 방안을 설정할 수 있다. 이러한 기록 습관은 장기 목표를 효율적으로 관리하는 데 큰 도움이 된다. 이를 위해 다음과 같은 기록 계획을 세웠다.

1. 연간 목표: 연말에 달성하고 싶은 모습을 상상하며 큰 그림을 그리고 연간 목표를 설정한다.
2. 월간 목표: 연간 목표를 바탕으로 한 달 동안 실천할 목표를 구체적으로 정한다.
3. 주간 목표: 월간 목표를 주간 단위로 나누어 실천 방안을 설정한다.
4. 일일 목표: 주간 목표를 바탕으로 매일 성취와 반성을 기록한다.

챗GPT는 이 목표를 실천하는 과정에서 큰 도움을 주는 도구이다. 예를 들어 챗GPT와 함께 목표 설정과 계획표를 짜고 달성한 부분과 개선할 점을 논의하며 실질적인 조언과 피드백을 받을 수 있다. 이 과정에서 다이어트와 관련된 다양한 팁을 얻고 실천하여 구체적인 목표를 달성할 수 있다.

나만의 다이어트 SWOT 분석

SWOT란 강점, 기회, 약점, 위험 4가지를 상황별, 요인별로 분석하여 전략을 세우는 방법이다. 다이어트를 성공적으로 하기 위해 챗GPT와 함께 나의 SWOT을 분석해 보았다.

1. 강점(Strengths)

강점은 다이어트 목표를 달성하는 데 도움이 되는 긍정적인 내적 요인이다.

- 평일에 매일 30분 이상 운동을 꾸준히 한다.(출근 전, 퇴근 후)
- 목표를 세우면 끝까지 성취하려는 의지가 강하다.
- 채소와 과일을 좋아해 식단에 자연스럽게 포함할 수 있다.

2. 약점(Weaknesses)

약점은 다이어트를 방해할 수 있는 내적 요인이다.

- 유혹에 쉽게 넘어가는 경향이 있다.
- 규칙적인 식사 시간을 지키지 않는다.
- 스트레스를 받을 때 간식을 자주 찾는다.

3. 기회(Opportunities)

기회는 외부 환경에서 다이어트를 도와줄 수 있는 긍정적인 요인이다.

- 회사 지하 1층에 헬스장이 있어 접근성이 좋다.
- 구독 중인 강의 플랫폼에서 운동 관련 영상을 볼 수 있다.

– 챗GPT를 통해 상황에 맞는 운동 계획과 식단을 제안받을 수 있다.

4. 위협(Threats)

위협은 다이어트 목표를 방해할 수 있는 외적 요인이다.

– 남편의 잦은 배달 음식으로 다이어트 방해 요소가 있다.

– 규칙적인 수면 습관을 유지하기 어렵다.

– 사무직으로 장시간 컴퓨터 앞에 앉아 있어 활동량이 적다.

이 SWOT 분석을 바탕으로 챗GPT의 도움을 받아 구체적인 전략을 세웠다.

1. 강점을 활용한 전략

– 운동루틴 유지: 평일 운동루틴을 주말까지 확장하고, 활동량을 늘리기 위해 주말에는 산책 등 간단한 운동 추가하기.

– 목표 시각화: 앱에 목표와 성과를 시각적으로 기록하고 매달 달성 시 보상하기.

– 식단 관리: 끼니마다 채소와 과일을 포함하여, 건강한 간식을 선택하기.

2. 약점을 보완하는 전략

– 유혹 대처: 건강한 간식을 미리 준비해 유혹이 생길 때 대체할 수 있

도록 하기.

– 식사 시간 규칙화: 알람을 설정해 일정한 시간에 습관 유지하기.

– 스트레스 관리: 간식 대신 운동, 명상, 취미 활동으로 스트레스 해소하기.

3. 기회를 활용한 전략

– 헬스장 활용: 헬스장에서 다양한 운동을 시도하고 루틴에 변화를 주기.

– 온라인 강의 활용: 운동 관련 강의를 참고해 새 운동 프로그램 추가하기.

– 챗GPT 활용: 매주 챗GPT와 대화하며 계획 점검 및 새로운 다이어트 팁 얻기.

4. 위협 최소화 전략

– 외식 관리: 외식 시 칼로리가 낮고 건강한 메뉴를 선택하고 남편과 건강한 식습관 공유하기.

– 수면 패턴 개선: 잠들기 전 스마트폰 사용을 줄이고 규칙적인 수면 유지하기.

– 신체 활동 증가: 자주 일어나 스트레칭 하고 점심시간에 산책하기.

이 전략을 통해 다이어트와 건강 목표를 이루고 기록 습관을 다질 수 있다. 매일 챗GPT와 함께 나의 운동 기록과 식단을 점검하면서 체지방을 줄이고 근육량을 늘리는 건강한 다이어트를 실천 중이다.

일상 기록의 지속적인 힘

기록의 진정한 힘은 지속성에 있다. 꾸준히 기록을 이어 가다 보면 어느 순간 기록이 단순한 일상의 정리가 아니라 나 자신을 이해하고 성장시키는 중요한 도구가 된다. 기록은 나의 과거를 돌아보게 하고 현재를 더 충실히 살게 하며 미래를 설계할 힘을 준다.

우리는 각자 가능성을 가지고 있다. 일상 기록은 가능성을 발견하고 더 나은 삶의 가치를 찾아가기 위한 여정의 중요한 동반자다. 단순한 기록을 넘어 나의 감정과 행동을 이해하고 이를 통해 지속적인 변화를 끌어내는 힘을 가진 도구로 활용할 수 있다. 앞으로도 기록을 통해 나 자신과 깊이 연결되고 더욱 행복한 삶을 만들어 가고자 한다.

6.

AI 강사의 생각을
키우기 위한 글쓰기

현대 사회는 SNS 콘텐츠와 AI의 급격한 발전으로 인해 정보의 홍수 속에 빠져 있다. 우리는 짧고 빠르게 소비할 수 있는 콘텐츠에 익숙해지면서 생각 없이 정보를 그대로 받아들이는 경향이 강해지고 있다. 특히 AI의 추천 알고리즘은 개인 맞춤형 정보를 제공하지만 점차 AI가 제공하는 정보에 의존하게 되어 스스로 사고하려는 노력을 잃어 가는 위험에 직면해 있다. 생각을 키우는 위해서는 주어진 정보를 단순히 소비하기보다 자기 생각을 키워 가는 글쓰기가 필요하다.

물론 SNS 콘텐츠와 AI 기술의 발전이 무조건 나쁘다고 생각하지 않는다. 나 역시 평범한 직장인이자 온라인에서 AI 콘텐츠 강의를 하는 사람으로서 SNS와 AI를 통해 많은 정보를 얻고 있다. 하지만 몇 년 전만 해도 알고리즘이 추천하는 콘텐츠를 끊임없이 소비하던 경험이 있다. 종일 유튜브 영상을 보며 시간을 보내던 어느 날, 아침에 자기 계발 영상으로 시작해 드라마 영상으로 하루를 마무리했고 책을 읽고 운동을 하겠다던 계획은 무산되었다. 다음 날 '나는 대체 종일 뭘 한 거지?'라는 생각에 그날 이후 핸드폰 사용 시간을 기록하기 시작했다. 기록을 통해 무의식적으로 시간을 낭비하고 있다는 사실을 깨달았고 그 시간을 줄이기 위해 노력했다.

챗GPT를 만나다

처음 챗GPT를 알게 됐을 땐 신기하면서도 명확하지 않은 답변에 실망했다. 사실과 다른 대답을 하거나 질문의 의도와 맞지 않은 대답을 보며 답답해하며 AI를 더욱 효율적으로 활용하고 명확한 답변을 위해선 명확한 질문을 던져야 한다는 것을 알게 됐다. 이 과정에서 질문의 중요성과 창의성의 중요성을 깨달았다.

현재 AI 기술을 통해 글을 쓰고 그림을 그리고 영상을 만드는 시대가 되었지만, 창의력과 상상력은 여전히 우리에게서 나오는 중요한 자산이다. AI가 주는 정보를 생각 없이 받아들이기보다는 부족한 아이디어를 넓혀주는 보조로 활용해야 한다.

챗GPT와 같은 대규모 언어 모델(LLM)은 방대한 데이터를 바탕으로 다양한 질문에 응답할 수 있지만, 사실이 아닌 정보를 마치 사실처럼 전달하는 할루시네이션(환각 증상) 문제가 존재한다. 예를 들어 "세종대왕이 넷북을 던졌다."라는 허구적 내용을 사실처럼 전달할 때가 있는데 이를 생각 없이 받아들인다면 큰 문제가 될 것이다. 이러한 문제를 방지하기 위해서는 비판적 사고와 분석적 사고력을 길러 정보의 진위를 판단할 수 있는 능력이 필요하다. 이를 위한 효과적인 방법의 하나가 바로 글쓰기다.

창의력 향상을 위한 글쓰기 방법

AI의 시대에 창의력과 사고력을 높이는 데 글쓰기는 매우 유용한 도구이다. 다음은 생각을 확장하고 창의성을 자극할 수 있는 다양한 글쓰기 방법이다.

1. 프리라이팅

주제를 정하지 않고 생각나는 대로 글을 쓰는 프리라이팅은 창의력 향상에 도움이 된다. 글의 완성도를 신경 쓰지 말고 10~15분 동안 멈추지 않고 계속 써 보는 것이 중요하다. 예를 들어 '바다'라는 단어를 떠올리면 바다에서의 추억, 색깔, 바다와 관련된 이야기 등을 자유롭게 적어 보는 것이다. 이 과정에서 창의적인 아이디어가 자연스럽게 떠오를 수 있다.

2. 브레인스토밍

특정 주제에 대해 가능한 많은 아이디어를 나열해 보는 것이 좋다. 예를 들어 '환경보호'를 주제로 잡고 쓰레기 분리수거, 에너지 절약, 재활용 방법 등 다양한 아이디어를 적어 본다. 이때 아이디어를 평가하거나 비판하지 말고 최대한 자유롭게 떠올리는 것이 중요하다. 이후 이 아이디어를 바탕으로 글을 구체적으로 발전시킬 수 있다.

3. 비유와 상상력 활용

평범한 주제도 비유를 통해 새롭게 표현할 수 있다. 예를 들어 '삶'을 '항해'에 비유해 보면 항해 중 만나는 폭풍은 어려운 시기, 맑은 날씨는 행복한 시기, 나침반은 목표 등으로 표현할 수 있다.

4. 제한된 시간 내에 글쓰기

제한된 시간 안에 최대한 많은 아이디어를 적는 것도 창의력을 높이는 방법이다. 예를 들어 5분 동안 '나의 장점'이라는 주제로 생각나는 모든 것을 적는 것이다. 짧은 시간 동안 집중적으로 생각하는 과정에서 창의적인 아이디어가 떠오를 수 있다.

사고력 향상을 위한 글쓰기 방법

사고력을 높이기 위한 다양한 글쓰기 방법은 정보에 대한 깊이 있는 탐구와 분석을 돕는다. 다음과 같은 방법을 통해 사고력을 키울 수 있다.

1. 질문하기

글을 쓰기 전 주제와 관련된 다양한 질문을 던져보자. 예를 들어 '기술 발전의 장단점'에 대해 글을 쓴다면 '기술 발전이 우리 삶에 주는 긍정적인 영향은 무엇인가?', '기술 발전이 일으킬 수 있는 문제는 무엇인가?' 등 여러 질문을 던지고 이를 탐구해 보는 것이다. 이렇게 하면 더욱더 논리적이고 깊이 있는 글을 쓸 수 있다.

2. 논증 글쓰기

주장을 명확히 하고 이에 대한 근거를 제시하는 논증 글쓰기는 사고력을 높이는 데 효과적이다. 예를 들어 '온라인 교육의 장점'에 대해 쓸 때 '온라인 교육은 접근성을 높인다. 인터넷만 있으면 지역에 상관없이 양질의 교육을 받을 수 있다.'라는 식으로 주장을 제시하고 구체적인 근거를 덧붙여 보는 것이다. 이렇게 하면 논리적인 사고력을 키울 수 있다.

3. 반대 입장 탐구

특정 주제에 대해 반대 입장을 탐구해 보는 것도 좋은 방법이다. 예를 들어 '사회적 네트워크의 긍정적 영향'이라는 주제로 쓸 때 반대로 '사회적 네트워크의 부정적 영향'도 탐구해 보면 이러한 과정을 통해 다양한 시각에서 문제를 바라보고 더 균형 잡힌 글을 작성할 수 있다.

4. 비교와 대조

두 가지 이상의 개념이나 상황을 비교하고 대조하는 글쓰기도 사고력을 높이는 좋은 방법이다. 예를 들어 '오프라인 교육과 온라인 교육의 차이점'을 비교하고 대조하는 글을 쓰다 보면 각각의 장단점을 명확히 이해할 수 있다.

글쓰기의 힘, 스스로 생각하고 성장하기

글쓰기를 통해 다양한 정보를 통합하고 자기 생각을 정리하며 사고력을 확장할 수 있다. 찬반 양측을 고려한 글쓰기, 책 요약 후 자신의 의견 추가 등 다양한 글쓰기 방식은 비판적 사고를 키우고 문제를 여러모로 분석하는 데 도움을 준다. 이처럼 꾸준한 글쓰기 훈련을 통해 우리는 단순히 글을 잘 쓰는 것을 넘어 자신을 발견하고 성장하게 된다. 생각하는 힘과 창의력을 키워 가며 글쓰기를 통해 더 깊고 풍요로운 삶을 만들어 가자. 글쓰기는 우리의 삶을 더욱 풍요롭게 만들어 줄 중요한 도구다.

7

글을 쓰면
어른도 성장한다

어느 순간 글쓰기는 단순한 취미를 넘어 내 삶의 중요한 부분이 되었다. 글을 쓰면서 자신을 돌아보고 성찰하며 성장해 왔다. 이 글에서는 글쓰기를 통해 어떻게 성장해 왔는지, 그리고 챗GPT를 활용하여 이 과정을 더욱 풍부하게 만든 경험을 나누고자 한다.

끈기와 인내의 과정

글쓰기를 시작하면서 꾸준히 글을 쓰기 위해서는 끈기와 인내가 필요하다는 사실을 깨달았다. 매일 일기를 쓰며 하루의 일과를 정리하는 것도 쉽지 않았고 문장 하나를 쓰고 고치는 데 긴 시간이 걸렸다. 그러다가 블로그 21일 챌린지를 통해 매일 짧게라도 글을 쓰기로 다짐했고 조금씩 글쓰기가 자연스러워지기 시작했다. 어느 날 문장이 자연스럽게 흘러나오는 순간을 경험하며 작은 성취감과 함께 글쓰기에 대한 자신감을 얻게 되었다.

또한 글쓰기 과정에서 챗GPT의 도움을 받으며 문장의 흐름을 개선하고 표현을 풍부하게 만드는 방법을 배웠다. 챗GPT에 문장 구조에 대한 조언을 구하며 글을 다듬어 나갔고 이를 통해 글쓰기가 주는 즐거움을 느낄 수 있었다. 이 경험은 '작은 성취가 꾸준한 성장을 이끈다.'라는 중요한 교훈을 안겨주었다.

목표 설정과 기록의 힘

글쓰기는 목표를 명확히 하고 이를 이루기 위한 과정에서도 중요한 역할을 한다. 예를 들어 다이어트를 하면서 8kg 감량이라는 목표를 세우고 그 과정을 기록했다. 운동, 식단, 물 섭취, 수면 등 생활 습관을 관리하며 목표에 한 걸음씩 가까워지는 기쁨을 느낄 수 있었다.

이 과정에서도 챗GPT는 중요한 조력자가 되었다. 다이어트 목표를 설정할 때 챗GPT의 조언을 받아 계획을 세우고 새로운 운동 팁이나 건강한 식단 추천을 요청했다. 이를 통해 보다 구체적이고 실천할 수 있는 목표를 세우며 작은 변화가 큰 성취로 이어질 수 있었다.

창의력과 문제 해결 능력의 확장

글쓰기는 창의력을 발휘하는 무대가 되어 주었다. 한 번은 우연히 들어간 인사동의 한 중국집에서 사장님과 직원들의 대화를 관찰하며 글 소재를 얻었다. 사장님은 큰 꿈을 가졌던 인물로 설정하고, 직원들은 그의 꿈을 다시 일으켜 세우는 역할로 꾸미면서 인물들이 살아 숨 쉬는 이야기를 만들어 냈다.

이 과정에서 챗GPT와 다양한 시나리오와 캐릭터 구성을 탐색했다. 예를 들어 "사장님이 큰 위기를 맞닥뜨렸을 때 어떻게 반응할까?"라는 질문을 던지며, 다양한 전개를 구상했다. 이러한 상상과 시나리오 구성은 문제 해결 능력이 확장하고 창의적 사고를 발전시키는 데 큰 도움이 됐다.

이러한 글쓰기 경험은 나의 일상에도 긍정적인 영향을 미쳤다. 현실에서 문제를 만났을 때 글 속 캐릭터를 다루듯 다양한 해결책을 떠올릴 수 있고 챗GPT와 함께 여러 시각에서 문제를 바라보며 창의적이고 유연하게 접근할 수 있다. 이러한 과정을 통해 창의력은 더욱 깊어지고 풍부해졌으며 문제 해결 능력도 한층 성장했다.

더 나은 삶을 위한 글쓰기

글쓰기는 삶을 성장시키는 강력한 도구이다. 매일 글을 통해 자신을 돌아보고 작은 성취와 변화를 기록하는 과정을 통해 더 나은 삶을 찾아갈 수 있다. 이 꾸준한 글쓰기는 삶을 깊이 있게 만들고 매일 조금씩 나아가는 힘을 준다.

앞으로도 글쓰기를 통해 자신을 성찰하고 더 풍요로운 삶을 만들어 갈 것이다. 여러분도 글쓰기를 통해 자기 성장을 기록하며 챗GPT와 같은 도구를 활용해 새로운 시각과 가능성을 발견해 보길 바란다.

8

챗GPT를 활용한
SNS 글쓰기

디지털 시대에 소셜미디어는 자신을 효과적으로 브랜딩하고 기억에 남는 존재가 되는 데 필수적인 도구이다. 소셜미디어는 당신의 브랜드를 알리고 인지도를 높이며 팔로워 및 잠재 고객과의 연결성을 강화하는 데 매우 유용하다. 아마 개인 브랜딩에 관심이 있는 사람이라면 블로그, 인스타그램, 페이스북, 유튜브 중 하나 이상을 사용하고 있을 것이다.

나 역시 인스타그램과 블로그를 통해 나를 알리고자 노력하면서 여러 고민이 생겼다. '어떻게 하면 사람들의 관심을 끌 수 있을까?', '어떻게 정보를 쉽게 전달할 수 있을까?', '어떤 정보가 사람들에게 도움이 될까?' 이런 고민을 해결해 준 도구가 바로 챗GPT이다.

챗GPT는 OpenAI에서 개발한 인공지능 언어 모델로 사람과 유사한 방식으로 텍스트를 생성하고 이해한다. 이 기술을 활용하면 주제 선정부터 글쓰기, SEO 최적화까지 소셜미디어 글쓰기의 다양한 단계를 효율적으로 진행할 수 있다. 지금부터 챗GPT를 활용해 블로그와 인스타그램 콘텐츠를 제작하는 방법을 나누고자 한다.

블로그에 챗GPT 활용하기

블로그는 긴 형식의 글을 통해 독자에게 깊이 있는 정보를 제공하는 데 적합하다. 챗GPT를 활용하면 블로그를 작성하는데 시간을 절약할 수 있다. 챗GPT에 블로그 마케팅 전문가 역할을 설정하고 질문을 시작해 보자.

1. 주제 선정과 계획 수립

챗GPT는 다양한 주제에 대한 아이디어를 제공하며, 주제를 구체화해 계획을 세우는 데 도움을 준다.

예시 1.

Q: "건강과 피트니스 관련 블로그 글을 쓰고 싶어. 어떤 주제가 좋을지 추천해 줘."

A:

1) 일상 속 작은 변화로 건강한 습관 만들기

– 바쁜 일상에서 쉽게 실천할 수 있는 건강 습관 소개

2) 홈트레이닝: 장비 없이 효과적인 운동 루틴

- 집에서 쉽게 실천할 수 있는 운동 루틴과 동작 설명

3) 운동 동기 부여: 지속적인 운동 습관 만들기

- 운동을 꾸준히 할 수 있는 동기 부여 방법과 실천 사례 등

관심 있는 주제를 하나 선택해 꾸준히 글을 작성해 보라. 처음 시작하는 단계에서는 매번 완벽하게 쓰려고 하기보다는 꾸준히 포스팅하는 것이 중요하다.

2. 글의 구조 잡기

챗GPT는 글의 전체 구조를 잡는 데 도움을 준다. 서론, 본론, 결론의 구성을 제안하고 각 부분에서 다루어야 할 내용을 정리해 준다.

예시 2.

Q: "'초보자를 위한 홈트레이닝 가이드'란 주제로 블로그 글을 작성하고 싶어. 글에 대한 구조를 알려줘."

A:

1) 도입부

- 제목: 초보자를 위한 홈트레이닝 가이드 - 쉽고 효과적인 시작 방법

– 소개: 바쁜 일상 속에서도 운동을 시작하고 싶어도 헬스장에 갈 시간
이 없거나 부담스러운 초보자들을 위한 홈트레이닝의 장점 소개

– 목표: 이 글을 통해 집에서 쉽게 시작할 수 있는 운동 방법과 팁을 제
공한다는 목적 설명

2) 본론

– 홈트레이닝의 장점(시간과 비용 절약, 편안한 환경, 유연한 스케줄)

– 홈트레이닝을 시작하기 전에 준비할 것들(운동 공간 확보, 편안한 운
동복과 신발, 간단한 장비 추천)

– 초보자를 위한 홈트레이닝 루틴(워밍업, 본운동, 쿨다운)

– 운동 중 유의할 점(정확한 자세 유지, 호흡과 속도 조절, 운동 강도 조절)

– 초보자를 위한 팁(일정 관리, 동기 부여 유지, 피드백 받기)

3) 결론(주요 포인트 요약, 마무리 인사, 추가 자료 및 참고 링크)

3. SEO를 고려한 글쓰기

챗GPT는 검색 엔진 최적화(SEO)를 고려하여 키워드를 포함한 문장을
작성하는 데 도움을 준다.

예시 3.

Q: "위에 알려 준 글의 구조를 참고하여 구글 SEO에 맞도록 블로그 글을 작성해 주고 중요 키워드도 알려줘."

A:

1) 중요 키워드: 홈트레이닝, 초보자 운동, 집에서 운동, 홈트레이닝 가이드, 초보자 집에서 하는 운동 트레이닝, 기본 운동루틴

2) 제목: 초보자를 위한 집에서 하는 운동 가이드

글의 구조와 내용을 따라 글을 작성하면 독자들이 읽기 쉽고 구글 SEO에도 도움이 된다.

인스타그램에 챗GPT 활용하기

인스타그램은 시각적 콘텐츠와 짧은 글을 통해 팔로워와 소통하는 플랫폼이다. 챗GPT를 활용하면 인스타그램을 시작하는 데 도움을 받을 수 있다. 챗GPT에 질문하기 전 인스타그램 마케팅 전문가 또는 인플루언서가 되어 답변해달라고 역할을 주고 질문을 시작해 보자.

1. 매력적인 캡션 작성

챗GPT는 팔로워의 관심을 끌 수 있는 매력적인 캡션을 작성하는 데 도움을 준다.

예시 1.

Q: "홈트레이닝 사진에 어울리는 캡션을 작성해 줘."

A:

1) 동기 부여 스타일: 적은 노력이 모여 큰 변화를 만든다. 시작이 반이다! #홈트 #운동일기

2) 유머러스 스타일: 칼로리야, 안녕! 이제는 근육 타임! #홈트레이닝 #운동하는 일상

3) 자연스러운 일상 스타일: 매일 조금씩, 건강해지는 기분! #홈트 #운동루틴

이런 캡션들은 당신의 홈트레이닝 사진과 함께 더 많은 사람에게 동기 부여와 재미를 줄 수 있다.

2. 해시태그 전략

챗GPT는 적절한 해시태그를 제안하여 게시물을 더 많은 사람에게 도달할 수 있도록 도와준다.

예시 2.

Q: "홈트레이닝 사진에 적합한 해시태그를 추천해 줘."

A:

1) 기본: #홈트레이닝 #홈트 #집에서 운동

2) 구체적인 운동: #근력운동 #유산소운동 #요가 #필라테스 #스트레칭

3) 트렌디: #헬스타그램 #운동스타그램 #운동기록 #운동일기

이런 해시태그들을 사용하면 더 많은 사람이 당신의 홈트레이닝 사진을 발견하고 함께 동기 부여를 받을 수 있다.

3. 팔로워와의 소통 강화

챗GPT는 팔로워와 소통을 강화하기 위한 아이디어에 도움을 준다.

예시 3.

Q: "팔로워와 소통할 수 있는 캡션을 작성해 줘."

A:

1) 질문 형식: 홈트할 때 제일 좋아하는 운동은 무엇인가요?

2) 의견 묻기: 여러분, 홈트할 때 어떤 음악을 듣나요? 추천해 주세요.

3) 챌린지 제안:스쿼트 30일 챌린지! 오늘부터 시작해요! 함께 도전할 사람 댓글로 알려 주세요.

이런 캡션을 사용하면 팔로워들과 더 활발하게 소통할 수 있다.

4. 브랜드 이미지 구축

챗GPT는 일관된 브랜드 이미지를 유지하면서 다양한 글을 작성하는데 도움을 준다. 브랜드의 톤앤매너를 반영한 캡션과 글을 작성하여 팔로워에게 일관된 메시지를 전달할 수 있다.

예시 4.

Q: "건강 브랜드의 인스타그램 계정에 어울리는 캡션을 작성해 줘."

A:

1) 정보 제공 스타일: 비타민 C는 면역력을 높여 주는 중요한 영양소입니다. 신선한 과일과 채소로 비타민 C를 충분히 섭취하세요.

2) 고객 참여 스타일: 여러분의 건강 목표는 무엇인가요? 댓글로 나눠 주세요.

3) 동기 부여 스타일: 건강한 몸과 마음이 행복의 시작입니다. 지금 바로 건강한 선택을 해 보세요. 이런 캡션들은 건강 브랜드의 이미지를 강화하고 팔로워들과의 소통을 촉진하는 데 도움이 된다.

챗GPT를 활용한 소셜미디어 글쓰기는 지속적인 콘텐츠 향상에 큰 도움이 되며 콘텐츠 제작의 창의력을 키우고 글쓰기 과정을 효율적으로 만드는데 기여한다. 챗GPT는 사용자 간의 협업을 더 활발하게 하며 풍부하고 다양한 콘텐츠 생산을 가능하게 한다. 글을 쓰는데 아이디어를 얻고 싶은가? 글쓰기 능력과 자신감을 키우고 싶은가? 그렇다면 챗GPT를 활용해 보라. 당신의 글이 더욱 풍부해질 수 있도록 챗GPT가 도움을 줄 것이다.

김민경 작가가 전하는 글쓰기로 성장하는 비결

✿ 작은 시작으로 큰 변화 만들기

글쓰기는 삶을 돌아보고 자신을 기록하며 진정한 나를 찾는 과정이다. 매일 짧게라도 일기를 쓰거나 생각을 꾸준히 기록하면 큰 성장을 이룰 수 있다.

✿ 감사일기 습관으로 긍정적인 삶 추구하기

일상 속 작은 기쁨을 기록하고 삶에 대한 긍정적인 시각을 갖는 습관 갖기. 꾸준히 감사하는 태도로 행복감과 만족감을 높이자.

✿ 감정일기로 자기 존중감 높이기

감정일기를 통해 자신의 감정을 마주하고 이해하며, 타인의 기대보다 자신의 필요를 존중하는 법을 배우며, 자존감을 키우자.

✿ 자아 탐색을 위한 글쓰기 실천하기

"나는 무엇을 원하는가?"와 같은 질문을 통해 자신을 깊이 탐색하고, 가치관과 목표를 명확히 설정하자.

✽ 목표 설정과 기록을 통해 성취감 높이기

　　연간, 월간, 주간 목표를 구체적으로 나누어 기록하는 습관으로 목표
　　를 체계적으로 달성하자.

✽ AI를 활용해 글쓰기 능력 확장하기

　　챗GPT 같은 AI 도구를 활용해 문장을 다듬고 아이디어 얻기. 글쓰기 과
　　정을 효율적으로 진행하고 표현력을 높이는 데 도움받을 수 있다.

✽ 창의적 사고와 문제 해결 능력 키우기

　　일상 속 영감을 글 소재로 활용하기. 주변 사람들의 대화나 장면을 통
　　해 상상력을 발휘하고 캐릭터를 구성하는 경험은 창의적 사고를 확장
　　하고 문제 해결 능력을 키우자.

✽ 자신의 성장을 기록하고 공유하기

　　자신을 돌아보고 성찰하며 성장 과정을 기록하자.

나를 찾아 떠나는
글쓰기 여행

강은영

벤저민 프랭클린은 미국 역사상 가장 다재다능한 인물이자 건국의 아버지 중 한 명이다. 프랭클린의 자서전은 하버드대학교 고전 필독서 중 첫 번째 목록에 있다고 한다. 인쇄공으로 시작해 과학자, 발명가, 외교관, 언론인, 저술가, 정치가, 건국의 아버지, 100달러 화폐의 모델이 된 그의 성공 비결은 무엇일까? 정규 교육을 채 2년도 받지 못한 프랭클린의 성공 비결은 바로 글쓰기다. 그는 자서전에서 글쓰기가 인생에 큰 도움이 되었고 성공에 중요한 역할을 했다고 밝히며 이렇게 말했다. "읽을 가치가 있는 글을 쓰거나 쓸 가치가 있는 삶을 살아라."

책을 두어 권 출간하고 다양한 칼럼을 쓸 때 접한 이 문장은 글쓰기를 대하는 내 마음가짐과 자세를 오롯이 바꿔 주었다. 이전까지는 성취감이 좋았고 더 잘 쓰고 싶은 마음이 컸다면, 이후로 가치 있는 삶과 글쓰기를 직접 연결하게 되었다. 글쓰기는 과거와 현재, 미래를 아우르는 시간 여행을 하며 삶을 상기하고 구상하기에 참 적절하다.

생각해 보면 첫 책을 쓸 때부터 과연 쓸 만한 가치가 있는 삶을 살았는지 반추한 듯하다. 책을 쓰는 과정에서 쓸 만한 거리를 찾기가 가장 힘들었다. 누구든 자신만의 이야기를 쓸 수 있다지만 평범하기 짝이 없는 삶에서 과연 보석을 캐낼 수 있을지 궁금했다. 그래서 더욱 꾸준히 새벽 기상과 글쓰기, 운동에 매진하고 이와 관련된 주제로 책을 계속 출간해 어느덧 네 권에 이르게 된 것이다.

줄곧 치열하게 살았던 나는 글쓰기로 제2의 인생을 맞이한 셈이다. 글을 쓰고나서야 원하는 삶이 성공보다는 하루하루 성장하며 스스로 만족하는 삶이란 걸 깨달았고 글쓰기를 통해 실천하고 있다. 프랭클린이 글쓰기로 성공했다면, 나는 글쓰기로 시나브로 성장하고 있다. 나름 여러 방법을 시도해 보았는데 진정한 나를 찾고 성장이라는 가치를 이루기에 글쓰기만한 게 없다. 이제, 나와 멘티들이 쓴 글이 읽을 가치가 있는지 독자들에게 판단을 맡길 차례다.

김원주

처음에 어떻게 글을 쓰기 시작했는지 떠올려 본다. 직장인, 엄마, 아내, 자식으로 정신없이 살아가면서 최선을 다하고 있지만 동시에 아무것도 아닌 날의 연속이었다. 기록하지 않으면 나 자신이 사라질 것만 같았다. 2018년 5월 '블로그 첫날'이라는 제목으로 어설프고 부끄러운 마음을 가득 안고 블로그에 첫 공개 글을 올렸다. '1년 후 나는 어떻게 변해 있을까?'라는 마지막 문장과 함께.

만 5년이 지난 지금, 사업을 시작했고 작가가 되었다. 단 한 번도 생각하지 못한 인생이다. 그동안 400여 개의 글이 블로그에 쌓였다. 노트북의 비공개 글도 수백 개다. 글쓰기로 복잡한 생각을 정리했고 상처 입은 마음을 다듬었다. 글을 쓰니 안주할 수 없었고 자연스레 조금씩 성장했다. 속도는 느렸어도 멈추지 않고 썼기 때문이리라.

앞으로도 계속 쓸 것이다. 대단히 유명해지거나 뽐내기 위함이 아니라 엄마로서 아이들에게 떳떳하기 위해서다. 내뱉는 동시에 잔소리로 변질되기 쉬운 말이 아닌, 글로 깊은 진심을 전하기 위해서다. 그래서 더욱 삶 자체가 좋은 글과 메시지가 되기를 희망한다.

유난히도 더웠던 지난 여름, 글이라는 매개체로 매주 줌(zoom)으로 만나 울고 웃으며 삶의 진한 획을 그었다. 함께 생각을 나누고 글을 쓸 수 있는 기회를 주신 강은영 작가님께 경의를 표한다. 한 권의 책이 나오기까지 서로 힘이 되어 준 네 명의 동료들께도 깊이 감사드린다.

안세정

"이런 경험은 처음이에요. 글을 쓰면서 저를 돌아보고, 앞으로의 제 인생을 그려볼 수 있다는 게 너무 기쁘고 행복해요."

최근 진행 중인 치유 성장 글쓰기 강의에서 70대를 바라보는 한 수강생이 해 준 말이다. 처음으로 이런 경험을 하게 되었다는 이야기가 나에게도 깊은 울림이 되었다. 이처럼 글을 쓰며 스스로 돌아보고 삶을 새롭게 그려보는 기쁨은 나이나 경험에 상관없이 누구에게나 주어지는 선물일 것이다. 글쓰기는 우리에게 새로운 생동감을 불어넣어 주고 그 속에서 자신을 더 깊이 이해하며 나아갈 길을 천천히 그려볼 수 있다.

지나고 보니 내 삶에서 글쓰기는 간절한 기도였고 신앙의 여정이었음을 고백하고 싶다. 혼자라 느낄 때마다 나를 붙들어 주신 하나님의 은혜가 글을 통해 내게 힘이 되었다. 내가 써 내려간 이야기들이 결국 하나님의 사랑으로 가득한 삶의 고백이 되기를 바라며 이 책이 누군가에게도 따뜻한 위로와 힘이 되기를 소망한다.

마지막으로 매일 새벽마다 나를 위해 기도해 주시는 친정 아버지 안칠홍 장로님과 늘 엄마를 자랑스러워하며 응원해 주는 나의 사랑스러운 세 아이, 휘준, 휘연, 휘은에게 깊은 감사의 마음을 전하고 싶다.

이창임

11년 전, 나는 죽었다. 그리고 다시 태어났다. 늘 "죽고 싶다."는 말을 입에 달고 살았지만, 어쩌면 죽고 싶을 만큼 간절히 살고 싶었던 것일지도 모른다. 과거의 선택들로 인해 신용불량자로 10년 넘게 살아가며 현실을 외면한 채 하루하루를 죽은 듯 보냈다. 그러나 우연인지 필연인지 집단상담 프로그램에 참여하면서 과거의 나와 마주하게 되었고 새로운 삶을 시작할 수 있었다.

잃어버린 나를 찾아가는 길에는 늘 글쓰기가 함께했다. 혼란스러운 마음을 잠재우기 위해 요가를 시작했고 나를 알아가기 위해 공부를 시작했다. 그 시간들은 모두 나를 찾기 위한 여정이었다. 감정일기를 쓰고 대학과 대학원에서 과제를 하면서도 나는 나를 알아갔다. 그 과정은 과거의 부족한 나를 있는 그대로 받아들이게 해 주었다. 그때는 변화를 알아차리지 못했지만, 여전히 실수투성이였던 나를 조금씩 받아들이게 되었다.

블로그에 글을 쓰기 시작하면서 글쓰기를 꾸준히 하고 싶어 책을 읽고 독서 모임과 챌린지에도 참여했다. 그렇게 나를 찾아가는 과정은 블로그에 기록되었고 그 여정 속에서 좋은 인연들을 만나며 함께 글을 쓰는 기회를 얻을 수 있음에 감사한다.

김민경

글쓰기는 단순한 기록 이상의 힘을 지니고 있다. 그동안 내가 써 온 글들은 나 자신을 더 잘 이해하고 내 삶의 의미를 다시금 찾게 해 주었다. 때론 지루하고 힘들기도 했지만, 글을 쓰는 순간마다 스스로와 대화하고 내면의 목소리에 귀를 기울이며 나아가는 발걸음이었음을 깨달았다.

이번 책을 함께 쓰면서 각자의 이야기가 모여 얼마나 큰 시너지를 낼 수 있는지 느꼈다. 같은 주제를 바라보는 다양한 시각과 생각들이 하나로 엮이면서 혼자서는 미처 깨닫지 못했던 부분들을 발견하고 배울 수 있었다. 서로의 경험과 지혜가 더해지면서 각자 겪은 이야기들이 더욱 깊어지고 풍부해졌다. 이 과정은 우리 모두에게 소중한 배움의 시간이었다. 책을 완성해 나가는 동안 우리는 함께 성장했고 서로의 이야기를 통해 많은 것을 느끼고 배웠다.

　우리는 각자의 인생에서 자신만의 이야기를 쓰고 있다. 때론 이 이야기가 고통스럽고 때론 기쁨으로 가득 차 있겠지만, 그 모든 순간이 모여 우리의 삶을 이루는 귀중한 퍼즐 조각이 되었다. 이 책을 읽는 당신도 글쓰기를 통해 자기 자신을 깊이 이해하고 성장하는 여정을 시작할 수 있다. 당신의 삶을 글로 기록하고 그 안에서 새로운 의미와 통찰을 발견해 보라. 오늘부터 펜을 들어 당신만의 이야기를 쓰는 여정에 나서길 바란다. 당신의 글이 당신의 삶을 풍요롭게 만들고 더욱 빛나는 자신으로 성장하는 길이 되길 응원한다.